De uma espécie diferente, sai Satã
do seio ardente da Bruxa, vivo, armado
e pronto para atacar.
Por mais medo que sintamos,
temos de confessar que, sem ele,
morreríamos de tédio."

Jules Michelet, *La Sorcière*

Nascido em 15 de janeiro de 1950, Jean-Michel Sallmann ensina história moderna na Université de Paris X-Nanterre. Suas pesquisas têm por objeto a história cultural e religiosa da Itália moderna. Após o estudo sobre a magia no século XVI, através do processo da Inquisição, que resultou no livro *Chercheurs de trésors et jeteuses de sorts: la quête du surnaturel à Naples au XVIème siècle* (Aubier-Montaigne, 1988), prepara, atualmente, uma obra sobre os santos e a santidade no reino de Nápoles durante a Reforma católica.

S168b

Sallmann, Jean-Michel
As bruxas: noivas de Satã / Jean-Michel Sallmann.
– Rio de Janeiro: Objetiva, 2002

192 p.: ilustr.: 17,5 x 12,5cm. – (Descobertas)
ISBN 85-7302-354-6
Tradução de: *Les sorcières: fiancées de Satan*

1. Bruxas. 2. Feitiçaria. I. Série. II. Título.
CDD 133.4

AS BRUXAS
NOIVAS DE SATÃ

Jean-Michel Sallmann

Tradução
Ana Luiza Dantas Borges

DESCOBRIMENTOS GALLIMARD
TRADIÇÕES

A bruxaria não é uma crença que remonta aos tempos imemoriais. Tampouco é uma superstição. A bruxaria é um modo de representação do mundo e das forças invisíveis que o animam. Os sabás e as missas negras, os grandes processos da Inquisição e as fogueiras, cujas imagens nos fascinam ainda hoje, têm uma história com princípio, meio e fim.

CAPÍTULO I

COMO SURGIU A BRUXARIA?

O pintor e gravador Hans Baldung Grien (1484-1545) foi contemporâneo da primeira caça às bruxas no fim da Idade Média. Várias de suas obras ilustram a emergência do mito demoníaco no sul da Alemanha.

Por volta do século XV, Arras, capital do condado de Artois, era uma cidade produtora de lã, tão próspera quanto era possível na difícil conjuntura do fim da Idade Média. Ainda não fazia parte do reino da França, mas pertencia ao vasto conglomerado de Estados que constituía os domínios do duque de Bourgogne, Filipe, o Bom. A partir de 1459, a cidade foi abalada por um escândalo que acabou afetando profundamente sua vida econômica e política.

No condado de Artois, em 1459, um eremita e alguns outros suspeitos foram acusados de bruxaria e conduzidos ao cadafalso.

Entretanto, o caso teve início longe dali, em Langres, quando, durante a assembléia-geral da ordem dos dominicanos, que aconteceu em 1459, foi julgado e executado por crime de bruxaria um eremita, Robinet de Vaulx. Esse homem, originário de Artois, antes de morrer, denunciou dois cúmplices, uma prostituta de Douai chamada Demiselle e um pintor de Arras, Jean Lavite, também conhecido em sua cidade por ter escrito poemas em honra da Virgem Maria. Assim que foram detidos, os dois acusados se submeteram, por exigência do inquisidor Pierre Le Broussart, a um interrogatório perante o tribunal episcopal. Dois juízes o conduziram: Jacques Dubois, doutor em teologia e cônego de Arras, e o bispo Jean de Beyrouth, que pertencia ao bispado de Arras. Eram duas personalidades influentes e duas sumidades intelectuais, pois o franciscano Jean de Beyrouth havia sido, em Roma, confessor do papa em 1450.

Com o apoio das autoridades ducais, os dois juízes conduziram um inquérito enérgico, interrogaram os acusados sem medir seu sofrimento, os submeteram à tortura. Os dois infelizes acabaram confessando que eram bruxos, e denunciaram vários cúmplices.

No fim do século XV e no começo do século XVI, a Inquisição espanhola tornou-se tristemente célebre por sua crueldade. Mas as principais vítimas da repressão foram os judeus convertidos, os mouros e os hereges.

Em maio de 1460, foram todos conduzidos ao cadafalso no centro da cidade. Foi colocada sobre a sua cabeça uma mitra, na qual estava pintada a figura do Diabo. O inquisidor Pierre Le Broussart fez o relato de seus crimes à multidão revoltosa e, em seguida, os entregou à justiça laica, isto é, à autoridade secular, para que fossem executados. Os condenados foram queimados e suas cinzas espalhadas.

Os primeiros "bruxos" eram de Vaud, hereges que cultuavam o Diabo

Os discípulos de Pierre Valdo, o mercador de Lyon que, no século XII, tinha pregado e praticado a pobreza evangélica, foram declarados hereges pelo papa e tiveram de se refugiar nos altos vales alpinos. Foi nesse contexto, e sob a influência da heresia, que nasceu o mito da bruxaria. O que era

As vítimas da Inquisição (na outra página, à esquerda) eram apresentadas vestidas com o *sanbenito* (roupa da infâmia), da qual eram despojados antes da instrução. A túnica era, então, suspensa nas abóbadas da catedral, com o nome do acusado para que a mancha repercutisse em toda a sua descendência.

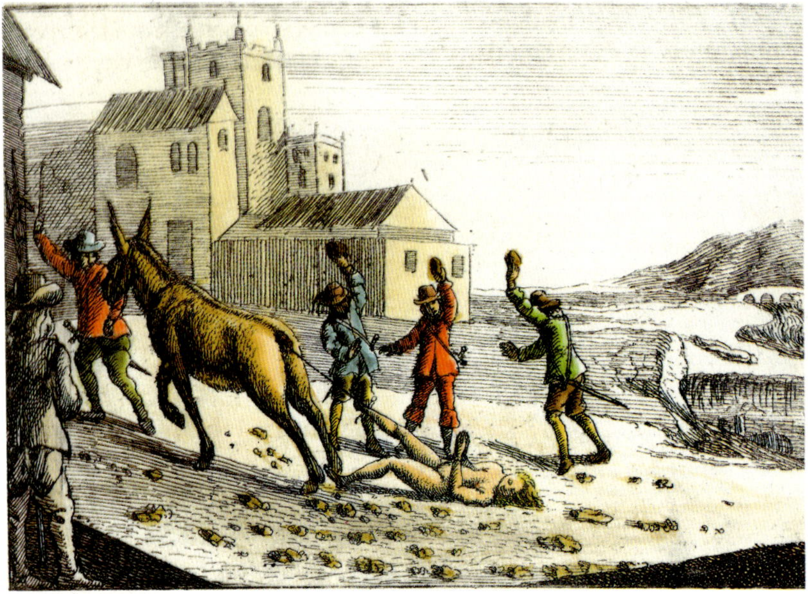

Excomungados pelo concílio de Verona, de 1184, os valdenses continuaram a se propagar pela França, Itália, territórios da Suíça atual, Áustria e Alemanha. A partir de 1555, construíram igrejas nos vales de Vaud e instituíram o culto público, contribuindo para a difusão da fé reformada. Os valdenses de Pouilles, da Calábria e do Piemonte foram perseguidos várias vezes entre meados do século XVI e fim do século XVII.

censurado nos primeiros bruxos? Os cronistas nos relatam crimes dos quais foram acusados e que confessaram sob tortura. Esses "valdenses" de Arras formaram uma verdadeira seita a serviço do Diabo. Para freqüentar a *"vauderie"* ou sabá, untavam o corpo com um ungüento especial com a ajuda de uma pequena vara que, em seguida, colocavam entre as pernas. Assim, voavam e podiam percorrer distâncias longas a uma grande velocidade. Dirigiam-se ao local do sabá, situado em um bosque a alguns quilômetros de Arras, onde os esperava um diabo alto que podia assumir a forma de um bode, de um cachorro, de um macaco ou de um homem. As pessoas presentes o veneravam, enquanto ele proferia um sermão contra a religião cristã. O sabá era seguido de um grande banquete que terminava com uma orgia desenfreada. Durante o sabá, os bruxos também deviam renunciar à religião, execrar Deus, a Santíssima Trindade, a Virgem, pisar na cruz, cuspir no crucifixo. A cerimônia era concluída com uma missa negra, durante a qual a Eucaristia era dada a sapos que, reduzidos a pó, serviam para o preparo dos pós maléficos. Era dessa maneira que os bruxos tornavam os campos estéreis, faziam homens e animais morrerem, provocavam as tempestades e disseminavam as epidemias.

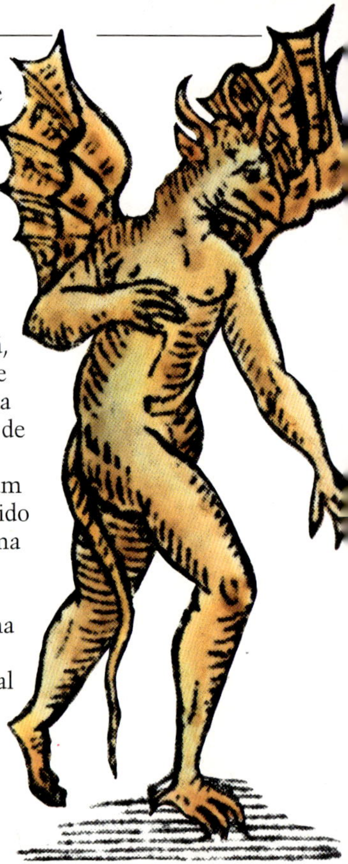

Nas primeiras versões do Antigo Testamento, Javé é o Senhor do Universo, quem provoca o bem e o mal. A partir do século VI a.C., a figura de Satã – que quer dizer "o adversário", em hebraico – se separa de Deus e se torna a causa do pecado.

Essas confissões inacreditáveis eram extorquidas pelos juízes, e quando os acusados percebiam que estavam destinados à fogueira, bradavam que tinham sidos enganados, que haviam lhes prometido a vida na condição de confessarem esses crimes.

Mas o caso da *vauderie* de Arras assumiu nova feição quando, ao longo da instrução, notáveis da cidade foram denunciados

Em julho de 1460, Antoine Sacquespée, burguês e magistrado municipal, Jean Josset, magistrado municipal, e Henri de Royville, agente de polícia, foram detidos, e Martin Cornille, coletor de impostos do duque de Bourgogne, e Guillaume Lefebvre, outro magistrado municipal, foram obrigados a fugir. No período que se seguiu, outras personalidades ilustres foram acusadas e presas, burgueses ricos e, até mesmo, nobres como Payen de Beaufort. Enquanto o crime de bruxaria afetou os indivíduos de classe social inferior, foi suportável, mas, ao se pôr em dúvida a classe dirigente, o equilíbrio social da cidade começou a ser abalado. No reino da França, ninguém mais confiava nos mercadores de Arras, todos suspeitos de serem

“Com os infortúnios da segunda metade do século XIV – escassez, pestes, a guerra dos Cem Anos, guerras civis e revoltas diversas, o Grande Cisma e o avanço turco –, [os homens] experimentaram a sensação de ter ingressado em uma época de calamidades inéditas, explicáveis somente pelos excessos de uma humanidade e de uma Igreja extremamente pecadoras. Tudo parecia de pernas para o ar, levando a crer que o desfecho de tal crise só poderia ser o juízo final.”

J. Delumeau,
Le Péché et la Peur

bruxos. Na petição do cavaleiro Beaufort, o dossiê foi transferido para Bruxelas.

Filipe, o Bom, convocou uma assembléia de clérigos em Louvain, e o desenvolvimento do processo foi controlado por seu arauto. Em 22 de outubro de 1460, aconteceu o último auto-de-fé diante do palácio episcopal de Arras, durante o qual quatro condenados escutaram sua sentença ser proferida. Um deles foi entregue à autoridade secular para ser executado, os outros três foram condenados ao encarceramento

mais ou menos severo e a multas muito altas.

O caso não se encerrou aí. De sua prisão, Payen de Beaufort conseguiu interpor recurso judicial ante o parlamento de Paris, então supremo tribunal em matéria criminal. Graças à sua linhagem, pôde se valer de apoios sólidos e, não sem dificuldades – pois, ali, empenhavam-se em abafar as queixas –, as vítimas da perseguição puderam se fazer ouvir. O processo de apelação transformou-se na vergonha dos inquisidores e juízes de Arras. Nesse meio tempo, Jacques Dubois, o juiz fanático, havia enlouquecido e estava morto. Em 1491, o parlamento de Paris publicou sua decisão: todas as sentenças eram consideradas nulas e os acusadores foram punidos com uma multa. O lucro foi empregado em uma missa para o repouso da alma dos condenados e uma cruz foi erigida no local de seu suplício.

A bruxaria é uma invenção do século XV, à qual o procedimento inquisitorial confere uma estruturação orgânica

Hoje, acredita-se que a repressão da bruxaria teve início na Europa por volta dos anos 1420-1430, a partir de uma região geográfica bem definida que compreende o Dauphiné, os Alpes franceses e suíços, o Jura, isto é, a região em que, a partir do século XIII, se

Filipe, o Bom, foi soberano da Bourgogne, Franche-Comté, Flandres e Artois.

instalaram as colônias valdenses. O mito da bruxaria foi construído pelos juízes inquisidores que começaram a perseguir, com o mesmo ardor, hereges e bruxos.

A *vauderie* de Arras demonstra a eficiência do procedimento inquisitorial com a instrução secreta e o emprego sistemático da tortura – até quinze vezes para determinados acusados – e, conseqüentemente, suas denúncias sucessivas.

A originalidade da questão está, sobretudo, em seu desfecho. Apesar de o inquisidor, um monge dominicano, conseguir impor suas opiniões, as autoridades ducais apregoaram suas dúvidas quanto ao rápido desenvolvimento da epidemia da bruxaria. Foi o duque Filipe, o Bom, que cessou as perseguições. Os teólogos de Louvain não conseguiram arbitrar no processo, mas nem por isso exoneraram da responsabilidade os juízes de Arras. Quanto ao parlamento de Paris, reabilitou as vítimas.

O nascimento do mito demoníaco e as ondas de caça às bruxas devem ser situados no contexto religioso muito conturbado dos séculos XV e XVI. A cristandade ocidental é, então, dividida pelas heresias, em seguida, a partir de 1517, pela ruptura definitiva das Reformas protestantes. A bruxaria foi, à sua maneira, uma resposta às angústias religiosas da época.

No fim do século XV, a crença na bruxaria se propagou, enquanto se instalavam os instrumentos jurídicos da grande caça aos bruxos. Ainda assim, suscitou resistências, suficientemente eficazes, para refrear as manifestações de intolerância e terror. Essas últimas barreiras não tardariam a ser derrubadas.

O cristianismo do fim da Idade Média foi naturalmente maniqueísta, dividido entre as noções contraditórias de Deus e de Diabo. Os demônios podiam penetrar, no sentido físico do termo, no corpo de um homem.

O que era realmente a bruxaria? Em sua forma mais benigna, um poder extraordinário; em sua forma mais grave, uma anti-religião

O bruxo é um indivíduo capaz de modificar o destino de um outro indivíduo (*sors* em latim significa "sorte" ou "destino", *sorcier* é a palavra francesa para bruxo) por meio de procedimentos rituais ou simbólicos. A forma mais conhecida consiste em "lançar feitiço", de onde os termos sinônimos de sortilégio e malefício. A palavra italiana *fattura* (de *fare,* "fazer") e a espanhola *hechiceria* (de *hecir* , "fazer") denotam bem a intenção maligna. Somente a partir dos primeiros anos do século XV, o sentido da palavra bruxo evoluiu para significar mais precisamente a origem demoníaca de seus poderes.

A bruxaria tornou-se, desse modo, pelos menos aos olhos de seus teóricos, uma anti-religião cujos adeptos, os bruxos, se dedicavam ao culto do Diabo.

Uma das características da Idade Média, em seu declínio, foi promover a imagem de Satã, poderoso e onipresente, ao qual eram imputados todos os infortúnios da época.

A idéia de um combate para a dominação do mundo, entre Deus, promotor do bem, e Satã, promotor do mal, se impõe e se mantém durante boa parte da época moderna, sobretudo no mundo católico.

“Diz-se que seus feitiços podem agitar o ar, fazer chover granizo, prever o futuro, tirar os frutos e leite de uma pessoa e dá-los a outra, e realizar inúmeros prodígios.

Assim que são descobertos, os culpados, homens e mulheres, devem ser submetidos à disciplina e punidos pelo príncipe.”

Monumenta Germanica Historica

Todos os hereges são suspeitos de bruxaria, e também os judeus

A crença na existência de uma seita de adoradores do Demônio é atestada desde o século XI e constitui o estereótipo da exclusão praticada pelo clero em relação aos grupos heréticos ou pretensos heréticos. Para legitimar a repressão, os que protestavam eram apresentados à opinião pública descritos da maneira mais sombria. Assim nasceram os temas da adoração do Diabo, da execração da religião cristã, da missa negra, do assassinato ritual, do canibalismo, da promiscuidade sexual. A maior parte dos movimentos heréticos foi acusada dessas abominações, como os *fraticelles*, facção, no século XIII, da ordem franciscana que exigia o retorno da Igreja à pobreza evangélica, ou, mais uma vez, os valdenses. Os judeus também se viram acusados dos mesmos delitos toda vez que eram

O estereótipo do assassinato ritual das crianças foi utilizado pelas autoridades de Roma contra os cristãos. Depois, esses o utilizaram contra os judeus, antes de aplicá-lo aos hereges e, depois, aos bruxos. A partir do século XIII, os reis da França tomaram medidas sistemáticas de expulsão em relação aos judeus, tanto por zelo religioso quanto por necessidade de dinheiro.

vítimas de perseguição, quando eram expulsos do reino e seus bens confiscados em benefício do tesouro real. O termo sabá – ou seu sinônimo, sinagoga, usado habitualmente nos documentos de língua francesa – provém, evidentemente, da perseguição anti-semita. Ao utilizar esse estereótipo contra a ordem do Templo, o rei da França demonstrou sua eficácia e extrema perversidade. Graças a ele, no começo do século XV, Filipe, o Belo, e o seu conselheiro Guillaume de Nogaret puderam eliminar os principais dignitários dessa ordem militar acusando-os de comércio diabólico. Eles os enviaram à fogueira, suprimiram a Ordem e confiscaram sua imensa fortuna, que serviu para salvar a caixa real que estava em dificuldades financeiras.

No fim da Idade Média, os leprosos ainda eram numerosos. Excluídos da sociedade, marcados pela infâmia do mal, os santarrões viviam afastados dos lugares habitados, reunidos em lazaretos. Símbolos do infortúnio absoluto do qual eram vítimas, faziam parte do mundo dos proscritos, assim como os bruxos. Quando se deslocavam, anunciavam sua aproximação com o som de uma matraca.

As epidemias e a miséria que dizimam a população certamente têm causas ocultas

A crença segundo a qual um indivíduo podia prejudicar outro indivíduo, ou toda a sociedade, é conhecida desde a época merovíngia, cujos documentos escritos nos transmitiram casos de feitiços. Era preciso explicar os infortúnios que afligiam com tanta freqüência populações frágeis: as epidemias dos homens, as epizootias do gado, as safras ruins e os acidentes climáticos. Desse modo, as epidemias eram atribuídas, ordinariamente, à ação conjunta de alguns grupos, os judeus, na maioria das vezes, acusados de envenenar os poços ou espalhar gordura nas maçanetas das portas e nas paredes para facilitar o contágio. Vários eram reputados capazes de desencadear tempestades e borrascas para se vingar de seus inimigos, para fazer definhar o gado, secar as vacas, matar sua família. A cada golpe da desgraça, as comunidades aldeãs exerciam represálias contra esses

pretensos bruxos, o que freqüentemente resultava em seu linchamento.

Nos dois últimos séculos da Idade Média, que foram particularmente agitados – um historiador da Normandia falou, por exemplo, de uma verdadeira "Hiroshima demográfica" na primeira metade do século XV –, os arquivos criminais viram os processos por feitiçaria se multiplicarem. Sinal de uma inquietação crescente da população e que a tornou mais acessível à ideologia da bruxaria.

A bruxaria da época moderna foi um fenômeno rural que exprimia a fragilidade do mundo camponês. As bruxas foram vítimas ideais para explicar as colheitas ruins, as eventualidades climáticas e a difusão das epidemias.

As visões assustadoras que adornam os relatos populares remontam a lendas muito antigas

A imagem da bruxa noturna, da mulher que, à noite, se transforma em ave de rapina, que voa emitindo gritos aterradores, que entra nas casas para devorar as criancinhas, é, desde a sua origem, um componente importante do mito demonológico. Essa lenda é verificada desde a Antiguidade, na literatura romana e na mitologia germânica. No século X, o arcebispo de Trèves, Réginon de Prüm, escreveu um guia de disciplina

De todos os pintores da Renascença, Breughel foi o que melhor soube evocar as transformações que afetavam os campos flamengos e a importância da criação de animais para a economia rural. Em Flandres, assim como na Inglaterra, o gado foi quase sempre o alvo dos bruxos.

Adrianus Hubertus excu.

eclesiástica dirigido aos bispos. Foi assim que ele nos transmitiu o famoso *Canon episcopi,* passagem de um capitular carolíngio hoje perdido, que evocava essas mulheres inspiradas por Satã voando, à noite, no dorso de certos animais, com Diana, a divindade romana. Diana, associada com a lua, a água e os lugares úmidos, deusa-mãe e parteira, está de tal modo ligada à bruxaria que alguns especialistas a chamam de "deusa das bruxas". Textos posteriores mencionam o nome de Heródias, a mulher de Herodes, responsável pela morte de João Batista, ou de Holda, divindade do panteão germânico. Seja como for, o *Canon episcopi,* invocado pelos demonólogos para justificar a repressão, serviu para fixar a imagem da bruxa que voa à noite, atravessando janelas e paredes ou entrando por chaminés para participar do sabá, escanchada em uma vassoura ou um animal.

"Há mulheres más que, se voltando para Satã e seduzidas pelas ilusões e os fantasmas dos demônios, acreditam e confessam abertamente que, à noite, montam em certos animais, em companhia de Diana, a deusa dos pagãos, com uma quantidade enorme de mulheres; e, no silêncio das horas mortas da noite,

atravessam muitos países; obedecendo às ordens de Diana como se ela fosse sua senhora, e são convocadas, em certas noites, para servi-la."

Canon episcopi
(século IX)

As primeiras teorias demonológicas aparecem no fim do século XV. Os inquisidores partem para a caça

Esses temas esparsos, cuja história é antiga e que difundem lendas e crenças européias desde o começo da Idade Média, acabaram se cristalizando no século XV e se fundindo no seio de um mito demonológico que resistiu até o fim do século XVII. Na prática repressiva, os primeiros anos do século XV foram primordiais, mas foi por volta da década de 1480 que a formulação teórica da bruxaria demoníaca surgiu. Dois grandes textos normativos a fundamentaram.

Em 5 de dezembro de 1484, o papa Inocêncio VIII promulgou uma bula – conhecida pelo nome *Summis desiderantes affectibus* – pela qual ampliava os poderes dos dois inquisidores oficiando na Germânia superior, entre Colônia e Mayence, que encontravam resistência na má vontade das autoridades locais. Até então, a Inquisição perseguia

O ritual imaginário do sabá constituía a peça mestra da crença na bruxaria. Desse modo, na Idade Média, os bruxos eram os representantes e novos sectários de uma anti-religião, a do Diabo. Supõe-se que se revista de várias formas: grifo, dragão com cabeça humana, bode, sapo ou outro animal monstruoso. Como a sua religião não tinha outro objetivo a não ser afastar seus fiéis do catolicismo, o sabá imitava os rituais católicos. Os novos fiéis eram batizados de novo, ofereciam crianças, frutos de suas aventuras com demônios, que eram sacrificadas e comidas ao longo de uma copiosa refeição.

os hereges nesse vale do Rhin, sobretudo valdenses. Mas o problema da bruxaria tinha surgido, e os dois inquisidores, Jacques Sprenger e Henry Institoris, se viram recebendo a missão especial de reprimir os provocadores. Foi, de fato, a primeira vez que o papado sentiu necessidade de legislar a bruxaria. "Com efeito, recentemente chegou ao nosso conhecimento" – é Inocêncio VIII quem fala –, "não sem nos causar grande aflição, que em algumas regiões da Germânia superior, precisamente nas províncias, cidades, territórios, distritos e dioceses de Mayence, Colônia, Trèves, Salsburgo e Brême, muitas pessoas dos dois sexos, descuidadas com a sua própria salvação, e se desviando da fé católica, se entregaram aos demônios íncubos e súcubos: por meio de feitiços, sortilégios, conjurações e outras infâmias supersticiosas e excessos mágicos, elas enfraquecem, asfixiam, suprimem a progenitura das mulheres, as crias dos animais, a colheita, as vinhas e as frutas." Também pela primeira vez, o elo entre a bruxaria e o sortilégio foi estabelecido oficialmente. A bula de 1484 pode ser considerada a carta constitutiva da caça às bruxas.

Graças à imprensa, os tratados de demonologia se propagam pela Europa e as acusações se multiplicam

Dois anos mais tarde, em Estrasburgo, era impresso, na gráfica do editor Jean Prüss, um livro que se tornaria um dos maiores sucessos de toda a literatura demonológica, o *Martelo das bruxas (Malleus maleficarum).* Esse manual era destinado aos inquisidores, mas diferia dos outros que o precederam pelo fato de ser consagrado exclusivamente à

MALLEVS MALEFICARVM, MALEFICAS ET EARVM

perseguição do delito de bruxaria. Seus autores foram Henry Institoris e Jacques Sprenger, os mesmos a que a bula de 1484 foi endereçada. O primeiro (por volta de 1430–por volta de 1505) era originário de Sélestat e ingressou no mosteiro dominicano dessa cidade. Durante sua longa carreira, perseguiu os valdenses, os hussitas, os hereges de todo tipo, os bruxos da Alsácia, no vale do Rhin, na Baviera, na Áustria, na Boêmia e na Morávia. Desapareceu durante uma de suas viagens de investigação, entre Ollomutz e Brno. Foi provavelmente o único autor do *Martelo das bruxas*, mas teve de dividir o sucesso estrondoso com Jacques Sprenger. Esse último (1436-1496) era originário dos arredores da Basiléia. Também ingressou na Ordem de São Domingos, no mosteiro de sua cidade natal. Jacques Sprenger era um grande universitário, professor na faculdade de teologia de Colônia, onde se tornou prior do convento dos Pregadores. Também foi um grande administrador, ocupando cargos de responsabilidade em sua ordem, mas sua atividade como inquisidor parece ter sido limitada. Consagrou grande parte de sua vida à reforma dos conventos dominicanos no Império e à difusão da devoção ao Rosário. Sua autoridade intelectual e religiosa serviu-lhe de caução moral e teológica. Até o século XVII, esse livro foi o manual básico da caça às bruxas.

No fim da Idade Média, a floresta, que recuava diante do machado dos lenhadores, ainda assim, metia medo. Era um universo povoado de seres legendários, de figuras fantasmagóricas, de animais selvagens. Portanto, para o demonólogo Bodin, "os faunos, sátiros, silvanos não passam de demônios e espíritos malignos".

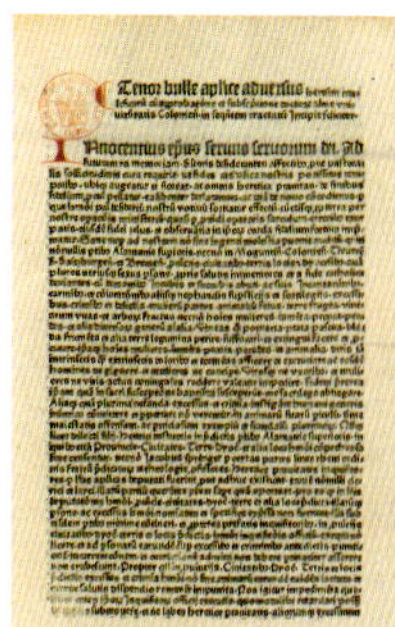

A bula do papa Inocêncio VIII inaugurou a caça às bruxas.

A partir do fim do século XV, em várias ondas sucessivas, das quais a mais importante cobre o período de 1580-1670, o Ocidente se empenha na via da repressão da bruxaria. Essa atitude, em alguns momentos, assumirá a aparência paroxística de um flagelo social.

CAPÍTULO II
A CAÇA ÀS BRUXAS

"E espero que entendam bem que sou inimigo figadal dos bruxos e que nunca os pouparei, tanto por suas abominações execráveis quanto por seu número infinito que aumenta a cada dia."

Henry Boguet, *Discours exécrable des sorciers*, 1602

No fim do século XV, todos os ingredientes da caça aos bruxos estavam reunidos. E apesar de casos já terem se manifestado, episodicamente, desde o começo do século, os dois períodos críticos se situam, respectivamente, entre 1480 e 1520 e de 1580 a 1670. Essas duas ondas apresentam diferenças em amplitude e regiões afetadas. No fim do século XV e no começo do século XVI, o número de vítimas foi relativamente limitado e os tribunais inquisitoriais conduziram a caça. Um século depois, os tribunais civis assumiram o controle da repressão e a levaram a um nível de severidade até então inusitado.

Os bruxos são hereges e apóstatas. Merecem a morte

As razões dessa ferocidade já estavam expostas em *O Martelo das bruxas* e foram constantemente evocadas a partir de então. O crime da bruxaria é o delito mais abominável. Os bruxos são nocivos, e, além disso, cometem um delito religioso ao abraçarem a causa do Diabo. Constituem uma seita, daí o aspecto epidêmico do fenômeno, e juraram obediência ao Diabo, assinando com ele um pacto que redigiram e firmaram com o próprio sangue. Em uma sociedade em que não passava pela cabeça de ninguém pôr em questão a adesão à religião cristã, é compreensível que o crime da bruxaria tenha sido percebido como a pior das abominações. O bruxo, além de ser um herege, ao renegar a religião de Deus pela do Diabo, torna-se também um apóstata. Comete o seu crime com total consciência e não por ignorância, como, eventualmente, faria qualquer

De 1348 a 1670 aproximadamente, a peste atacou regularmente a Europa ocidental. Era fácil ver, na propagação da epidemia, a mão do Diabo e de seus agentes. Por isso os bruxos foram freqüentemente acusados de disseminar esse flagelo. O bobo (figura abaixo) é um personagem emblemático da Europa do fim da Idade Média. Significa a desordem do mundo e, por isso, ocupa um lugar importante nos rituais carnavalescos.

outro que não comunga da mesma fé. O tribunal não pode, portanto, demonstrar a menor piedade em relação a ele, não pode mais reintroduzi-lo no seio da Igreja. Se o bruxo confessa seus crimes, é condenado à fogueira. Se insiste em negar as acusações, a atitude dos tribunais varia. Os juízes, com freqüência, concluem que o réu é aconselhado pelo Diabo, principalmente

Abaddon, Astaroth e Mammon pertencem ao bando, extremamente numeroso, de companheiros de Satã. Os mágicos os evocavam com o objetivo divinatório.

se ele desdiz a confissão anterior, e, então, se mostram inflexíveis. No caso de dúvida, o suposto bruxo é exilado, isto é, condenado à morte civil ou, simplesmente, enviado a ser queimado em outro lugar.

O mundo católico não teve o monopólio da feitiçaria e de sua repressão. Uma caça às bruxas abateu-se sobre a Inglaterra protestante no fim do século XVI e na primeira metade do século XVII. Mas os países anglo-saxões e escandinavos não acreditaram no mito demoníaco. As bruxas eram enforcadas – e não queimadas – porque cometiam um crime de direito comum e não um delito religioso.

Entre as elites do reino, o crime de bruxaria suscita um interesse crescente

Se a demonologia é filha da heresia e se o mito da bruxaria demoníaca se formou no ambiente da Inquisição, não é nada paradoxal que os juízes seculares tenham, imediatamente, tomado a seu cargo a repressão. O clero foi eclipsado pelos juristas laicos. Na atmosfera cultural francófona, os tratados de demonologia se multiplicaram no fim do século XVI e no começo do século XVII, tornando-se verdadeiros sucessos de vendas. Os autores eram

“Declarou que ia [ao sabá] uma vez por semana, à noite, entre quinta-feira e sexta-feira, entre dez e 11, para retornar às 11 horas. E o seu namorado a levava pelo ar, em forma de um cachorrinho preto sem rabo, dentro da sua orelha.”

Depoimento de P. Goguillon, queimada como bruxa em 24 de maio de 1679 em Bouvignies

juízes reais. O mais célebre deles, Jean Bodin, foi um dos maiores humanistas de seu tempo, quem, pela primeira vez na França, foi capaz de explicar os mecanismos da circulação da moeda e as razões da inflação veloz que atacou o reino na década de 1560, e que também foi o autor de ciência política mais reputado do século XVI. Apesar disso tudo, ficou famoso para os seus contemporâneos graças à sua *Démonomanie des sorciers*, publicada em 1580. Esse livro obteve um enorme sucesso e foi reeditado várias vezes na França e no exterior.

Jean Bodin não foi o único. Muitos magistrados de menor envergadura intelectual não hesitaram em partilhar a experiência pessoal nesse domínio. Foi assim que Nicolas Rémy, juiz no ducado de Lorraine – terra do Império –, publicou *Démonolâtrie* em 1595, e Henry Boguet, juiz em Franche-Comté – então possessão espanhola –, lançou o seu *Discours exécrable des sorciers* em 1603. Pierre de Lancre, que era conselheiro do rei no parlamento de Bourdeaux e que exercia a pirataria no sudoeste, escreveu dois

Jean Bodin, nascido em Angers em 1529 e morto em 1596, ensinou durante 12 anos Direito romano em Toulouse, e foi, ele próprio, suspeito de heresia.

clássicos do gênero: *Tableau de l'inconstance des mauvais anges et démons*, em 1612, e *Incrédulité et mescréance du sortilège*, em 1662. Porém um dos manuais mais utilizados pelos caçadores de bruxos foi *Recherches magiques*, do jesuíta espanhol Martin Del Rio, editado em 1599 em Louvain e reeditado várias vezes.

Dois acontecimentos importantes marcaram o pontificado de Paulo III (1534-1549): a criação do Santo Ofício da Inquisição em 1542 e a abertura do Concílio de Trento em 1545.

Na época moderna, a grande caça aos bruxos é conduzida por tribunais laicos

A partir do século XV, a Inquisição não teve mais nenhuma responsabilidade na repressão da bruxaria. A caça, então, foi assumida pelos tribunais senhoriais e reais. Não se pode esquecer a importância das

DISCOVRS
DES SORCIERS,
AVEC SIX ADVIS EN FAICT
DE SORCELERIE.

"justiças superiores" na Europa do Antigo Regime, cujos patíbulos ainda enfeitavam a paisagem no fim do século XVIII. No reino da França, a velha Inquisição medieval desapareceu no começo do século XVI; a Inquisição romana, reorganizada em 1542, pelo papa Paulo III, nunca foi admitida; os tribunais diocesanos foram progressivamente despojados de suas atribuições. O poder de proceder contra os bruxos dependia, então, de instâncias inferiores, com possibilidade de recurso teórico ante o Parlamento. Nos Países Baixos espanhóis, o poder real se envolveu pessoalmente na caça aos bruxos. No decreto penal de 1570, cujos termos foram retomados e determinados várias vezes seguidas, Filipe II definiu o delito de bruxaria e fixou

TABLEA
DE L'INCONS
DES MAVVAIS
ET DEMON

Redigidos pelos magistrados, os tratados de bruxaria traduzem a adesão da magistratura, no fim do século XVI, à crença no mito demoníaco.

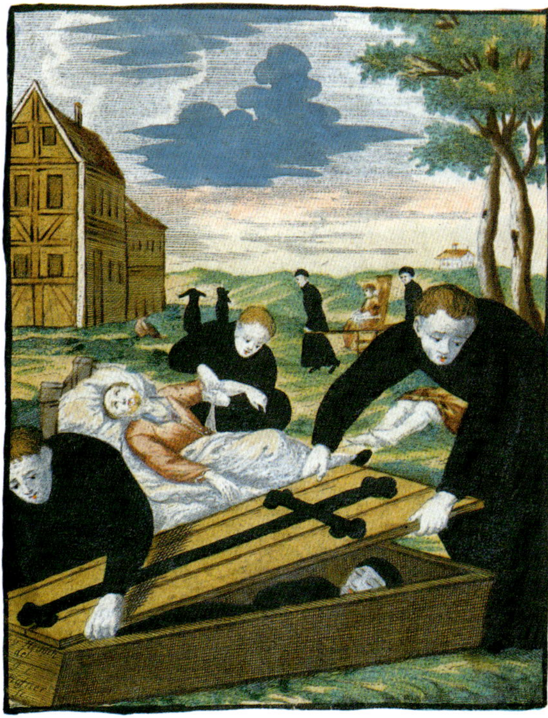

"Vejamos agora que doenças assolam particularmente as pessoas através dos bruxos. Em suma: eles lhes infligem todos os tipos de doenças: do estômago, da cabeça, dos pés, cólicas, paralisia, inchação, etc. [...] Além disso, os bruxos fazem sair pela boca daqueles que eles embruxaram ou por baixo agulhas, ferragens, pedras, papéis."

Henry Boguet

Não há dúvidas de que a crença em feitiços se desenvolveu em grande parte devido às insuficiências da medicina. A doença e seus mistérios se ofereceram naturalmente. Será preciso esperar o fim do século XVII para que se registrem progressos, essencialmente no domínio da higiene e da profilaxia. E será no meio médico parisiense que se levantarão, no começo do século XVII, as primeiras vozes que contestarão a existência do crime de bruxaria.

TANCE

. N G E S

as modalidades da repressão. Em Lorraine, na Alemanha renana, na Alemanha do sul, em Franche-Comté, em toda parte em que a caça aos bruxos ficou famosa por seu vigor, deve ser citada somente a responsabilidade dos tribunais superiores senhoriais ou principescos.

É no seio das comunidades camponesas que surge a atmosfera propícia à caça às bruxas

O pretexto sempre era uma crise das relações interpessoais com, no segundo plano, o acúmulo de desgraças individuais ou coletivas que assaltavam o mundo campônio.

Com as guerras de religião, a guerra dos Trinta Anos e a Fronde, uma conjuntura econômica cada vez mais desfavorável, pontuada de escassez, epidemias da peste e epizootias, o período que cobre o fim do século XVI e a primeira metade do século XVII ofereceu as condições ideais para a emergência de tal fenômeno. Os camponeses procuravam uma explicação lógica para seus infortúnios, e achá-la na ação nefasta de pessoas mal-intencionadas não parecia inconcebível.

A passagem repetida de guerreiros, a instabilidade e insegurança, a anexação à Coroa das províncias fronteiriças e a lenta instalação de uma administração real contribuíram para a manifestação desse ímpeto satânico. A maior parte do tempo, as justiças locais não faziam outra coisa a não ser responder às solicitações insistentes da população. Esta exercia com muita freqüência uma justiça mais expedita, o linchamento. Essa justiça sumária era organizada pelas vítimas dos pretensos feitiços ou pelo grupo de jovens reunidos no quadro de uma "abadia da juventude". Muitos linchamentos não passaram de algazarras que acabaram mal. A bruxa era perseguida, açoitada, depois morta a golpes de bastão ou pedras. O assassino desaparecia por algum tempo. Depois, apoiado pelos notáveis da aldeia, obtinha rapidamente um indulto de perdão.

O contato estreito com a natureza predispunha os pastores ao conhecimento das forças sobrenaturais.

Assim, em 1644, em Auch, soldados do regimento de Guyenne, embriagados, agrediram uma certa Régine, que o rumor público atormentava. Surraram-na, arrastaram-na pela rua, a corda no pescoço, depois a lançaram no Gers. Alguns indivíduos afirmavam poder reconhecer os bruxos. Convocados pelas comunidades rurais, desencadeavam ondas de perseguição e semeavam o pânico e desordem por onde passavam.

Os "detectores" de bruxas possuíam, supostamente, o dom da vidência

Durante a epidemia de bruxaria em 1644, um jovem pastor atravessou toda a Bourgogne. Pretendia reconhecer na pupila dos olhos a marca diabólica das bruxas. As vítimas descobertas dessa maneira eram entregues aos tribunais senhoriais citados para julgá-las. Apesar da resistência dos parlamentos, mais liberais em relação à bruxaria, as instâncias inferiores continuaram a se fiar nesse gênero de prática, a executar ou banir os acusados e a confiscar seus bens.

Um dos últimos casos famosos desse tipo aconteceu em Béarn, em 1670. Um jovem aprendiz de dezesseis anos afirmava ter freqüentado o sabá e se

Assim como a escassez e as epidemias, a freqüente passagem de soldados desestabilizava as sociedades rurais. Alertados pelos boatos, ávidos de "distrações", os soldados participavam de bom grado da caça às bruxas.

pôs à disposição das aldeias para livrá-las dos bruxos que infestavam a região. Dizia que eles tinham no rosto uma marca preta semelhante a um pano. Nas trinta aldeias que inspecionou e em que lhe apresentaram todos os suspeitos de bruxaria, conseguiu reconhecer 6.210 bruxos. Só na comunidade de Labourcade, a cifra montava a 195. Quando o parlamento de Pau ficou sabendo do caso, a agitação na província estava no auge e a vida social completamente desorganizada.

Para que uma doença fosse atribuída a um sortilégio, tinha de ser inesperada, em uma seqüência de infortúnios recorrentes, e apresentar sintomas pouco identificáveis.

Partida de uma jovem bruxa para o sabá.

Nas aldeias, o rumor era decisivo e implacável: entre 1599 e 1627, em Bazuel, um povoado de Cambrésis, cinco bruxas foram julgadas

Em 1599, as acusações começaram a se acumular contra uma viúva de Bazuel, Reine Percheval, perante o tribunal senhorial do lugar. Ela atacava o gado de seus vizinhos e a sua família. Seu genro a acusava de ter feito a própria neta morrer. Um notável do lugar sofria há algum tempo de uma "*estrange maladye*" ("doença estranha"). Consultou uma curandeira de uma aldeia vizinha que lhe apontou Reine Percheval como a causa de seus infortúnios. Aliás, uma de suas vacas não havia parido um novilho morto e monstruoso? A acusada mantinha, além disso, relações com um valdense que lhe teria transmitido o segredo de seus feitiços. Tudo

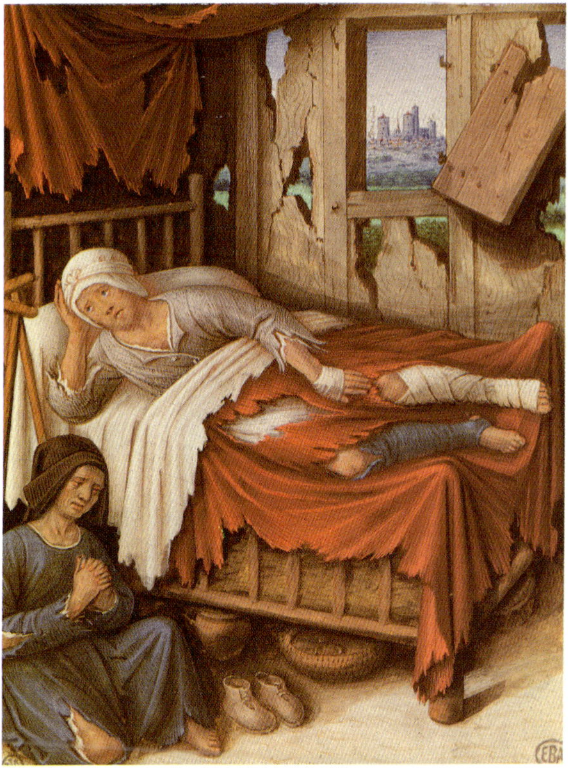

Até o século XVI, o nascimento de crianças ou de animais monstruosos foi considerado o anúncio de um castigo divino iminente ou obra de Satã. Esses sinais eram interpretados pelos astrólogos, e a notícia circulava rapidamente por intermédio de folhetos ou de "boatos". Foi preciso esperar o fim do século XVI, e o declínio das tensões apocalípticas relacionadas às guerras religiosas, para que o monstro perdesse sua função oracular e se reunisse a outras curiosidades nos gabinetes dos sábios.

apontava para essa velha mulher sem apoio familiar e que cultivava com a vizinhança relações execráveis. Ao ser detida pelo sargento do Senhorio, não se iludiu. Sabia o que a aguardava. Ainda assim, se defendeu com unhas e dentes, pois possuía, sem dúvida, uma personalidade forte. Mas acabou cedendo. Confessou sua participação no sabá e apontou seus cúmplices. Foi queimada.

O ciclo de violência estava inaugurado. Dois anos depois, outra viúva, Aldegonde de Rue, de setenta anos, teve o mesmo destino. Alguns anos antes, ela já havia sido acusada de bruxaria em seu povoado de Cateau. Essa reputação a perseguia. Assim, para pôr fim aos rumores, ela decidiu ir a Rocroi, nas Ardenas, onde oficiava um carrasco renomado por reconhecer os culpados de bruxaria. Havia descoberto 274. Mandou rasparem todos os pêlos de Aldegonde e se pôs a furá-la, metodicamente, no corpo inteiro, com agulhas compridas. Procurava a marca insensível que o Demônio teria posto no corpo de sua cúmplice para selar o pacto que os dois haviam firmado. Encontrou-a, evidentemente, no ombro esquerdo, sob a forma de cinco pequenos pontos.

Aldegonde caiu na boca do lobo. Acabava de oferecer aos seus juízes a prova cabal de sua culpabilidade. Foi estrangulada e, depois, queimada.

Em 1621, mais três bruxas foram julgadas nessa aldeia. A primeira foi queimada, as outras duas foram libertadas, porém uma delas tornou a ser acusada em 1627.

Quando o mecanismo das denúncias e dos inquéritos era posto em funcionamento, ficava difícil interrompê-lo. Uma última "epidemia" demoníaca percorreu essa região entre 1679 e 1683, em uma zona situada entre Lille, Douai e Marchiennes.

Apesar das várias versões, inúmeros depoimentos permitem reconstituir os aspectos principais da crença na bruxaria

A introdução na bruxaria assumia o aspecto de uma verdadeira iniciação. Não podemos esquecer que os contemporâneos eram persuadidos de estar em presença de uma seita devotada a Satã. O Diabo, psicólogo astuto, sabia aproveitar-se de um momento de fraqueza ou de desvario para tentar aquele ou aquela que deveria servi-lo. Propunha-lhe um pacto: ele se comprometia a ajudá-lo em troca de um juramento de obediência. A vítima tentava resistir se borrifando com água benta, fazendo o sinal-da-cruz ou maldizendo o tentador, mas nada adiantava. O Maligno era astucioso e conseguia o juramento tão desejado que, em Lorraine, assemelhava-se ao juramento de vassalagem. O eleito renunciava, então, à religião católica, para se dedicar ao novo mestre. Este fixava sobre o corpo da vítima a marca diabólica, símbolo da submissão, com a ajuda de um espinho preto ou, simplesmente, com suas garras. Era uma marca insensível à dor, minúscula, muitas vezes

materializada por uma calosidade, uma verruga ou um pequeno arranhão. Em seguida, no caso de ser uma bruxa, o abraço.

Ao contrário do que descrevem os demonólogos, a cópula com o Diabo nunca era experimentada com prazer pelas bruxas. Era comum elas se queixarem da tirania de seu novo amante e da dor causada pela penetração. A iniciação demoníaca se encerrava com um casamento que selava definitivamente o pacto entre Satã e sua parceira. Como recompensa, o Senhor das Trevas lhe oferecia algumas moedas de ouro ou dinheiro que, evidentemente, se revelavam falsas ou desapareciam em suas mãos, ou então se transformavam em lama ou excremento.

Não existe bruxaria demoníaca sem participação no sabá. A partir do momento em que um juiz punha a mão em um bruxo ou uma bruxa, sua única preocupação era fazê-lo confessar essa participação, e a confissão constituía uma sentença de morte. Todos os meios eram bons para obtê-la.

Preparativos do sabá

As estampas de Hans Baldung (1514) são bem demonstrativas. Em primeiro lugar, a confecção do ungüento, ou gordura dos bruxos, no qual entra sangue de poupa e de morcego, serragem e fuligem. Uma das bruxas tritura as drogas em um pequeno caldeirão que ferve sobre o fogo de verbenas, as outras cavalgam nas nuvens, indo para o sabá sobre um forcado ou um bode. O ungüento pronto, untam seu forcado proferindo uma consagração medonha. Uma ergue ao céu uma bandeja cheia de ossos, enquanto a outra passa entre os dedos um terço com contas de guizos, dois dados, o crânio minúsculo de um feto. Depois, vão ao sabá, onde bruxos e bruxas se unem sexualmente, formando, segundo Boguet, as combinações mais monstruosas: "O filho não poupa a mãe, nem o irmão, a irmã, nem o pai, a filha: [...] não é difícil imaginar que pratiquem todas as outras lubricidades do mundo."

1515
HB

Os demonólogos discorreram extensamente para saber se os instrutivos relatos das bruxas eram reais ou imaginados

As opiniões dividiam-se. O mesmo acontecia em relação à participação no sabá, elemento capital da crença. O sabá ocorria, geralmente, à noite, em um local retirado, em uma colina, em um bosque ou em um cruzamento de estradas, ao redor de uma fogueira que iluminava a cerimônia com a sua luz baça. Bruxos e bruxas eram convocados individualmente pelo Diabo e aí chegavam, quase sempre, a pé. Às vezes, era o Diabo que

Com a redescoberta da Antiguidade, os pintores da Renascença usaram naturalmente a mitologia grega e romana. A feiticeira Circe serviu de modelo erudito para a bruxaria, e o temor se propagou, enquanto a sibila de Delfos ou a de Cumes evocava os poderes divinatórios da profetisa.

os transportava nas costas de um porco, de um asno, de um bode ou de um galo, ou raptando-os num grande turbilhão. Em Lorraine, a viagem montados em um bastão ou uma vassoura era pouco freqüente, mas, lá como em qualquer outro lugar, os bruxos e as bruxas untavam o corpo com um ungüento especial que os tornava invisíveis e graças ao qual transpunham rapidamente grandes distâncias. O sabá compunha-se de uma imitação do ofício católico, de uma missa às avessas, na qual a hóstia era substituída por uma rodela de nabo ou de madeira. No fim da cerimônia, os participantes prestavam homenagem ao seu mestre encarapitado em um escabelo. Bruxos e bruxas adoravam o Diabo sob o aspecto de um bode, do qual "beijavam o cu". Essa cerimônia se encerrava com um banquete durante o qual crianças eram devoradas. No final, os assistentes se uniam

"Errando à noite por
um lugar solitário,
Um horror secreto
apodera-se dos meus
sentidos;
Vejo ou penso ver mil
objetos assombrosos
Favorecidos pela luz
sombria:
É o sabá."

Anônimo
(século XVII)

sexualmente ao acaso. Os demônios participavam dessas folias eróticas como parceiros femininos (súcubos) ou parceiros masculinos (íncubos). O sexo dos demônios era reputado como não proporcionando nenhum prazer, e seu esperma era frio. Mas eram os frutos dessas relações monstruosas que eram sacrificados à mesa dos sabás.

Assim iniciados e tornados cúmplices de Satã, os bruxos recebiam poderes que lhes permitiam trabalhar em favor de seu mestre. Sabiam provocar chuvas torrenciais que submergiam as culturas, o raio que derrubava casas e árvores, a chuva de granizo que destruía o trigo ainda verde e os pomares. Embruxavam, tornavam os animais infecundos, os homens impotentes, as mulheres estéreis. Provocavam acidentes inexplicáveis. Com um pó feito de ossos humanos, envenenavam os poços ou disseminavam a peste por meio de uma gordura com que untavam as paredes e as maçanetas das portas. Apavorados, os contemporâneos deram prova de uma imaginação exuberante. Os bruxos também tinham o poder de se transformar em animais, em gatos, por exemplo, para subir nos berços e asfixiar os bebês ou vazar seus olhos, ou em lobisomens para atravessar o campo e atacar os viajantes. Por fim, suas funções sensoriais eram suspensas, o que os deixava insensíveis à tortura ou incapazes de derramar lágrimas.

O bruxo é quase sempre uma bruxa. As viúvas, isoladas, são as vítimas eleitas

Os responsáveis eram procurados entre as mulheres, sobretudo entre as mais idosas e mais pobres. De fato, elas estavam mais predispostas à acusação de bruxaria.

Uma acusação de bruxaria nunca era feita por acaso. As mulheres acusadas desempenhavam, com muita freqüência, um papel particular nas comunidades camponesas. Elas conheciam o segredo das plantas. Quando a tensão aumentava e os rumores de bruxaria se propagavam, elas se tornavam suspeitas aos olhos de uma população que temia os poderes tradicionais.

Os estereótipos antifemininos resistiram até o século XVII. A mulher assustava. A sua fisiologia não era bem conhecida pelos médicos e os teólogos viam nela um ser inconstante, que devia ser vigiado. Do ponto de vista jurídico, ela estava sob a tutela do pai, depois do marido. Só adquiria uma autonomia relativa com a viuvez, mas a sua situação, então, se degradava. Michelet viu nessa exclusão social a causa de uma necessidade de desforra que a viúva procurou saciar na bruxaria.

Muitas vezes possuidoras de uma sabedoria oral da medicina empírica, conheciam os segredos que curavam, mas também eram suspeitas de conhecer as receitas para enfeitiçar. Com freqüência eram viúvas, e eram isoladas em uma sociedade que nem sempre foi tão caridosa com os anciãos como, às vezes, gostamos de acreditar.

Os próprios teólogos, ao retomarem as velhas teorias médicas de Galeno, discorreram facilmente sobre a fraqueza desse sexo que, por natureza, era mais sensível às ilusões diabólicas do que o outro. Por isso a grande caça aos bruxos foi acima de tudo uma caça às bruxas, caráter que,

Além do interesse específico que oferecem essas imagens raras de duas mulheres da sociedade (a senhora e sua dama de companhia) no sabá, a cerimônia de homenagem ao demônio que acontece no segundo plano merece ser estudada com atenção. Duas hipóteses são suscitadas pelos especialistas. Segundo a primeira, haveria nesse culto ao Diabo uma reminiscência do culto romano de Janus, o deus de dois rostos. De Lancre, sem pensar duas vezes, comenta: "Janette [...] diz que ele [o Diabo] tinha um rosto na frente e outro atrás, como é pintado o deus Janus." De acordo com a segunda, assistimos a uma manifestação popular, uma espécie de festa da inversão. Nesse mundo de cabeça para baixo, o alto é colocado embaixo e vice-versa.

provavelmente, não tinha em sua origem. Nunca assumiu o aspecto de uma onda que se quebra. Nasceu aí, quando a exasperação de uma comunidade encontrou os ouvidos complacentes de um juiz fanatizado, depois se extinguiu quando as paixões se abrandaram, para renascer mais adiante, algum tempo depois. Esse aspecto aleatório faz o fenômeno escapar de qualquer apreensão global.

A justiça no Antigo Regime tinha de ter um valor pedagógico. Daí o uso de punições infamantes que humilhavam socialmente os condenados.

Hoje, os historiadores pensam que as vítimas não foram tão numerosas quanto dizem

O Ocidente não conheceu uma atmosfera de massacre generalizado e permanente entre 1580 e 1670. A caça assumia com freqüência o aspecto de ímpetos repentinos em função da situação local ou da personalidade de um juiz. A intensidade mais forte foi alcançada no primeiro quarto do século XVII, depois houve ondas repressivas nos anos 1640 – o ponto inferior da grande crise européia do século XVII – e, por fim, na década de 1660. No fim do século XVII, as fornalhas se apagaram um pouco por toda a Europa, embora se assinale o retorno de chamas passageiras em situações locais bem particulares. Uma única exceção, ao que parece, a Polônia, que empreendeu a caça no começo do século XVIII.

É preciso se fiar nos juízes demonólogos para avaliar o número de vítimas? O seu testemunho parece, freqüentemente, um delírio fanático. Assim, Nicolas Rémy, que expurgou a Lorraine entre 1576 e 1606, afirmava, sem rodeios, ter mandado queimar entre duas mil e três mil bruxas. Pierre de Lancre, que purgou o Labourd com o seu colega Jean d'Espagnet, a partir de 1609, acendeu centenas de fogueiras. Henry Boguet, em Franche-

Comté, havia conduzido uns trinta processos em dez anos. O mesmo Pierre de Lancre, aliás, destaca que o parlamento de Bordeaux teria executado quatrocentas bruxas em 1577.

Os espíritos dominados pelo medo talvez tenham exagerado a amplitude da caça às bruxas. Aterrorizar, maximizar o fenômeno, também foi o objetivo da Inquisição

Os historiadores atuais mostram-se circunspectos em relação às afirmações dos demonólogos. Sem negar a amplitude da repressão, lhes atribuem um impacto mais limitado. No departamento do Norte, que, antigamente, dependia dos Países Baixos espanhóis e que se encontrava no coração da repressão aos bruxos, entre o fim do século XIV e o fim do século XVII, houve menos de trezentas pessoas acusadas, cuja metade, aproximadamente, foi executada.

É evidente que escaparam processos na investigação dos historiadores, que a caça aos bruxos talvez tenha tomado uma direção mais paroxística, e que nem todos os casos de bruxaria passassem pelos tribunais de justiça e que os linchamentos fossem freqüentes. Isso não impede que a Europa tenha vivido durante os séculos XVI e XVII à luz das fogueiras. Pelo contrário, não é menos certo que os processos e as execuções fossem suficientemente numerosas e distribuídas no tempo e no espaço para impressionar intensamente a imaginação.

A caça aos bruxos certamente deve o seu lado espetacular e pedagógico ao procedimento que deu ao fenômeno o seu aspecto epidêmico, que lhe conferia um quê de inapreensível, de móvel e de angustiante, particularmente hábil em impressionar os espíritos.

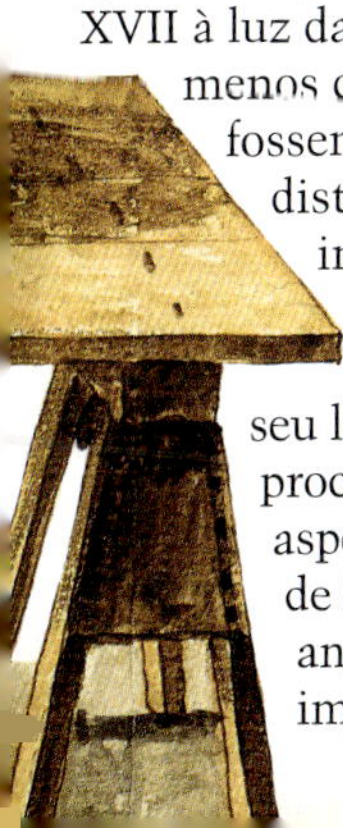

Na Europa do século XVI, a produção impressa e o comércio dos livros eram fiscalizados simultaneamente pelas autoridades religiosas e do Estado. Em 1559, Paulo IV criou o primeiro índice oficial dos livros proibidos. Os seus sucessores o atualizaram progressivamente, reforçando o seu rigor. Em 1571, Pio V instituiu uma congregação especial de cardeais para executar essa função. Mas os livros proibidos eram sobretudo livros heterodoxos. Nem a bruxaria nem a magia diziam respeito a essas medidas repressivas, porque elas ignoravam o suporte escrito.

Quando, no século XVI, a bruxaria surge como um crime de lesa-majestade divina, assim como era a heresia, os tribunais de justiça seculares adotam o procedimento inquisitorial. É fácil imaginar as implicações de uma opção desse tipo. Quando um camponês ou uma camponesa caía nessa rede, tinha pouca chance de sair ileso.

CAPÍTULO III

UMA MÁQUINA JUDICIÁRIA INCLEMENTE

Além de seu aspecto espetacular e da imagem de crueldade que contribuiu para divulgar, a bruxaria permitiu pôr em questão o procedimento criminal e fazê-lo evoluir entre o fim da Idade Média e o século das Luzes. Os seus efeitos se fazem sentir até a véspera da Revolução.

O simples boato era suficiente para pôr em ação o aparelho judiciário e seu espantoso arsenal. Assim que a suspeita de bruxaria surgia, o juiz devia intervir sem demora, e proceder a uma investigação e perseguição. Ora, essa suspeita não precisava de muito para ser provocada. Qualquer morte, doença, acidente, qualquer acontecimento desagradável tendo, ou parecendo ter, um caráter imprevisto, podiam ser atribuídos ao sortilégio: uma mulher que paria natimortos, uma queda de costas, do alto de uma escada, o emprego, durante uma discussão, de expressões como "vá para o inferno"; manter hábitos sexuais particulares, mudar freqüentemente de domicílio, ficar perturbado ou manter o olhar fixo no chão quando se falava de bruxaria, freqüentar ostensivamente as igrejas, possuir um terço em que a cruz tinha um dos braços quebrado, etc.

Aparição de um monstro invocado por uma bruxa.

"Quando julgar, não tema ninguém, pois o julgamento é de Deus", dizia Jean Bodin

A denúncia por outros bruxos, mesmo sob tortura, era aceita como prova. Contrariando as leis gerais, as delações de crianças, mesmo não púberes, eram recebidas contra os pais, que as tinham, segundo eles, induzido à bruxaria.

Antes de passarmos à maneira como se desenvolvia a instrução, uma questão prévia se impõe. Como os juízes, que eram seus principais inimigos, podiam se precaver dos poderes maléficos dos bruxos? Ora, esses juízes e seus auxiliares ficavam de lá para cá, sem cessar, ao redor dos supostos bruxos, sem sofrer o mais leve efeito do sortilégio. Havia um subterfúgio para se sair desse apuro. Inventou-se que os juízes e calabouços gozavam de um privilégio de imunidade: os malefícios do Diabo nada podiam contra eles.

A bruxaria serviu de exutório a todo um imaginário fantástico que os europeus projetavam, até então, nos mundos que lhes eram desconhecidos. No século XVI, o leitor ainda podia sonhar com o *Livro das maravilhas*, de Marco Polo, e com *Voyages*, de Jean de Mandeville. Com a descoberta do Mundo Novo, o horizonte se estreitou, o exotismo mudou de natureza. A bruxaria integrou uma parte desse prodígio que o conhecimento objetivo rechaçou cada vez mais.

Para estabelecer o fato de bruxaria, o juiz dispunha de vários tipos de suposições e provas

Existiam técnicas seguras para afirmar que a pessoa incriminada era realmente uma bruxa. A usada com mais freqüência era a prova da água. Herdada do ordálio medieval, a prova da água era considerada pelos tribunais um meio infalível de denunciar a culpabilidade, assim como de busca do sinal diabólico. Consistia em mergulhar a suposta bruxa na água de um rio, de um charco ou de um canal, muitas vezes lastrada de uma pedra pesada. Se flutuasse, o Diabo não teria querido que uma de suas adoradoras morresse.

Assim era gerada a prova do comércio diabólico, e a bruxa executada imediatamente. Porém, se ela afundasse, seria considerada inocente.

Da participação dos bruxos na natureza espiritual do Diabo, e do fato de serem reputados capazes de voar, resultava outra prova contra eles: pesavam menos do que parecia. A marca do Diabo podia estar impressa em qualquer parte do corpo. Depois de fixada, permanecia insensível e não sangrava. Para facilitar a busca, todos os pêlos dos acusados eram previamente raspados. Essa operação era destinada principalmente a fazer desaparecer os amuletos protetores que os bruxos talvez usassem, dissimulados nos pêlos. Depois disso, eram picados com agulhas e lancetas até se descobrir um local em que o paciente não reagisse mais. Aí estaria a marca. A retenção de lágrimas era outro sintoma de bruxaria. Nenhuma lágrima corria dos olhos dos bruxos, torturados moral ou fisicamente. Denise Prudon, a quem Boguet perguntou "por que não verte lágrimas?", respondeu "que já tinha

O ordálio ou "julgamento de Deus" é uma prática judiciária cuja origem remonta à época das invasões germânicas e da cristianização da Europa. Ela parte do princípio de que um inocente não pode ser abandonado por Deus. Até o século XVII, a provação da água aplicada às bruxas constituiu a última manifestação de um procedimento que, a partir de então, passou a ser considerado arcaico.

chorado tanto que não tinha mais lágrimas, que, por ter apanhado tanto, não conseguia verter sequer uma lágrima". Segundo os demonólogos, era o Diabo que lhes provocava essa retenção. Os acusados pareciam insensíveis à tortura, o que era outro sinal de bruxaria: o Diabo, dizia-se, os fazia cair em um estado como de êxtase.

A confusão entre o saber tradicional e o poder mágico tornava ainda mais vulneráveis as mulheres que conheciam os segredos das plantas.

Uma mulher suspeita de bruxaria raramente é absolvida: o interrogatório se desenvolve de tal maneira que cada resposta consolida a acusação

Adrienne d'Heur, de cerca de sessenta anos, viúva de Pierre Bacqueson, ourives em Montbéliard, é revendedora. O seu comportamento sexual foi bastante irregular. A sua mãe e outros parentes foram suspeitos de bruxaria. Em 10 de agosto de 1646, ela foi presa. O interrogatório começou no dia 14. Trinta e duas

testemunhas depuseram contra ela. Perguntaram-lhe se ela acreditava na existência de bruxos. Essa pergunta é pérfida: responder "não" é quase negar a existência do Diabo, de quem os bruxos são agentes, o que transpira heresia; responder "sim" leva à pergunta "quais conhece e como?". Ela responde judiciosamente que, segundo as Escrituras, existem, que são pessoas que blasfemam contra Deus, que fazem os outros morrer e que, se quisessem a sua opinião, seria preciso primeiro examiná-la.

A Inquisição, que deixou uma lembrança sinistra na memória ocidental, teve pouca responsabilidade na grande caça às bruxas. A Inglaterra, em compensação, sem conhecer a Inquisição, reprimiu ferozmente a feitiçaria.

A máquina inquisitorial

De suas origens, a Inquisição guarda um caráter misto: como tribunal espiritual, dependia da autoridade romana, mas constituía, ao mesmo tempo, um organismo de autoridade espanhola. Na sua liderança, está um Conselho supremo. O seu presidente, o inquisidor-geral, e seus membros são nomeados pelo soberano. A sua autoridade é exercida pela intermediação de aproximadamente 15 "tribunais" locais. Cada tribunal inclui juízes, encarregados de dar uma qualificação teológica aos crimes contra a fé que lhes são encaminhados, e um procurador encarregado de sustentar a acusação. A Inquisição dispunha, além disso, da colaboração de seus "familiares", que representavam uma espécie de polícia benévola, à qual as pessoas da classe mais alta se orgulhavam de pertencer.

Em nome da fé

O sistema inquisitorial impregnou progressivamente o procedimento penal a partir do fim da Idade Média. O Grande Edito criminal de Colbert ratificou essa evolução no direito francês em 1670. Esse procedimento era propriamente "diabólico" para o acusado, que tinha de provar sua inocência, ainda que não informado dos elementos da acusação, e que era encerrado e submetido à tortura. A bruxaria, entretanto, fez as coisas progredirem um pouco quando Colbert exigiu que os magistrados estabelecessem a materialidade da prova em um domínio em que isso era difícil de ser feito. Mas a confusão de papéis entre o juiz de instrução e o magistrado do tribunal criminal, o sigilo da instrução, a ausência de advogados e o hábito da tortura foram mantidos. Na França, somente em 1780 o sistema da tortura começou a ser oficialmente demolido. No entanto, na prática, a tortura já tinha sido, de certa forma, abolida em todo lugar.

Ela acha que os bruxos matam crianças? Ela escutou dizer, mas talvez seja imaginação. Ela tem livros de bruxaria? Ela não sabe ler; porém reconhece que tem em sua loja um livro relativo aos bruxos. Durante o primeiro interrogatório, ela não verte nem uma lágrima. No segundo dia, responde, imprudentemente, que se achassem uma marca nela, ela admitiria ser bruxa. No terceiro dia, continua a negar. Após um dia de interrupção, no quarto interrogatório, sempre sem confessar, a

"Se o acusado confessa sob tortura, é preciso que repita a confissão 24 horas depois, em um outro local. [...] Se ele se retratar, é preciso submetê-lo novamente à tortura."
Henry Boguet

advertem que se teimar em negar, recorrerão à tortura. No quinto dia, ela insiste em afirmar sua inocência. Nos dias que se seguem, é confrontada com as testemunhas de acusação; é esconjurada a reconhecer seus crimes, que são enumerados: morte súbita de uma criança ao receber dela um pedaço de pão, cegueira brutal de um homem, de uma mulher e duas crianças, esgotamento do leite de uma vaca, morte de um cavalo, tentativa de rapto de crianças; ter-se introduzido, à noite, em casas com as portas trancadas, e feito muita algazarra, ter aparecido a pessoas ameaçando-as, uma vez, entre outras, sob a forma de um gato, para desgosto do gato da casa. Ela continua a responder que é mulher de bem e que não quer cometer perjúrio admitindo ser bruxa, já que não é. Em 31 de agosto, é submetida à inspeção, nua até a cintura, picada de todos os lados "com um alfinete de prata". Acabam encontrando "bem no meio das costas, um pouco abaixo dos ombros", um ponto em que o alfinete é "enfiado na profundidade da largura de um dedo" e aí mantido no "período de mais de meio quarto de hora", sem que ela "demonstre sentir qualquer dor", nem que "a marca sangre". Ela contesta que seja "uma marca" (de bruxa). Constatando sua obstinação, é submetida à

"Que recompensa o Diabo lhe dá por ter feito um homem morrer [...]? – Declarou que [...] o Maligno lhe prometia todos os bens do mundo."
Processo de P. Goguillon, queimada em 29 de maio de 1679

tortura: com as mãos amarradas nas costas é suspensa acima do solo durante 15 minutos, ela insiste em afirmar que é inocente. Em 2 de setembro, depois de mais de três semanas na prisão, provavelmente diante da perspectiva de uma reiteração da tortura, ela confessa. Espontaneamente, ainda assim, vertendo algumas lágrimas, conta todo tipo de histórias de sabá, coito com o Diabo, sortilégios, aparições, mesclando à "confissão" arroubos de devoção, dando "graças a Deus por ter-lhe tocado o coração", implorando que lhe perdoasse. Chegando o pastor, ela confessa seus crimes. Nos dias 2 e 4 de setembro, é lida a sua confissão, que ela confirma. Condenada, é executada em 11 de setembro.

O interrogatório começava sem recorrer a meios de violência física: "O juiz não deve se apressar em submeter a bruxa à tortura", recomenda *O Martelo das bruxas*

Quando o simples interrogatório não provocava a confissão desejada, só então se recorria à tortura. Bodin recomendava expor os instrumentos de tortura no cômodo do lado, aberto, para que ficassem visíveis, ou que comparsas simulassem gritos de dor no cômodo fechado, mas vizinho. Os procedimentos de tortura variavam com a época e o local. Podemos citar: a tortura na água, onde o acusado, preso pelos pés e punhos a argolas chumbadas na parede, e colocado sobre o pau-de-arara, devia tragar, para começar, um pouco mais de nove litros de água, e de novo, se a primeira tentativa não bastasse, isto é, dezoito litros e meio; o aquecimento dos pés; a introdução de pontas de ferro sob as unhas, "que é a tortura mais exímia entre todas", diz Bodin; os "borzeguins", peças de madeira aplicadas nas pernas e apertadas com cunhas e cordas.

Em princípio, um acusado não podia ser submetido à tortura mais de três vezes, e haveria no mínimo um dia de pausa entre cada sessão. Esse

intervalo não tinha o objetivo de poupar o acusado, mas, pelo contrário, a intenção era fazer o suplício durar mais, infligindo ao paciente o tempo de experimentar o medo de voltar a sofrê-lo. Para serem consideradas válidas, as confissões obtidas sob tortura deviam ser reiteradas sem tortura. Isso acontecia, geralmente, no dia seguinte. Se o acusado retratava a confissão, retomava-se a tortura.

A máquina judiciária aniquilando todo o espírito de resistência, os acusados, sob tortura, cediam quase sempre às acusações

A duração da resistência ao interrogatório sob tortura variava muito de acordo com as vítimas. Alguns acusados resistiam muito tempo a todo tipo de pressão moral e

física. Porém, freqüentemente, as pressões exercidas pela vizinhança, a conivência dos acusadores e juízes, uma estada prolongada em uma prisão insalubre, interrogatórios repetidos, interrompidos com sessões de tortura, acabavam por vencer a resistência dos acusados. Eles confessavam. Uma última sessão de tortura os levava a denunciar seus supostos cúmplices e o juiz estava autorizado a promover novas investigações. Foi assim que se instalou o processo perverso da epidemia da bruxaria.

Teoricamente, o condenado podia recorrer da sentença perante um tribunal superior: o Parlamento na França, o Conselho privado nos Países Baixos espanhóis. Praticamente isolada, abandonada por todos, ignorando seus direitos e desencorajada pela provação sofrida, a vítima não o fazia. Assim que a sentença era pronunciada, era executada. O sacrifício salvador e coletivo do fogo purificador levava tudo, a vítima e os atos de seu processo, que o tribunal

O açoite, a galera, a roda e a fogueira, essas eram as penas que esperavam o herege impenitente. Para a bruxa, a alternativa era mais simples. Se ela resistisse à tortura e recusasse admitir sua participação no sabá, nem por isso seria reabilitada ou ficaria livre de toda suspeita. A condenação ao exílio ou a expulsão de sua comunidade de origem equivaliam, para ela cuja reputação estava definitivamente maculada, a um adiamento da morte.

lançava na fogueira a fim de apagar para sempre toda a recordação do delito.

Os juízes civis utilizavam um procedimento de exceção inspirado diretamente pelo procedimento inquisitorial.

Esse procedimento por inquirição (ou inquisição, segundo a etimologia latina), retocado durante três séculos pelos tribunais inquisitoriais para lutar contra a heresia, foi aplicado pelos tribunais leigos a partir do século XVI. A transferência para o direito penal de uma prática jurídica, inaugurada no direito canônico na virada dos séculos XII e XIII, constituiu uma verdadeira revolução mental. Até então, em questão criminal, prevalecia o procedimento de acusação herdado das práticas jurídicas introduzidas pelos povos germânicos no momento das invasões bárbaras. Para que um indivíduo fosse acusado, era preciso que um acusador o denunciasse apoiando a acusação em fatos concretos. O tribunal se limitava a julgar o fundamento da acusação, a escutar os argumentos das duas partes e, eventualmente, a fixar o preço da reparação. Se o acusador não conseguisse impor seu ponto de vista aos membros do tribunal, seria ele o condenado em função da importância da calúnia e prejuízo causado.

Vários acusados confessavam, com uma facilidade desconcertante, ser bruxos e ter participado do sabá. Este é um argumento muito forte para os caçadores de bruxas e muito constrangedor para o historiador. Faz com que se perguntem se não há um imenso equívoco entre os acusados e os acusadores: para os camponeses, o "sabá" não passaria de uma festa popular, uma espécie de "festa de loucos"; para o juiz, seria um insulto às autoridades religiosa e civil.

O procedimento inquisitorial confere um papel determinante ao juiz. O acusado, no que lhe cabe, deve provar sua inocência

Era o juiz que, depois de uma denúncia – às vezes anônima –, julgava se devia proceder a uma investigação. De qualquer maneira, o segredo era garantido ao acusador e toda a carga do processo, a partir de então, ficava sobre o acusado, que era imediatamente incriminado. Por sua mentalidade, o procedimento inquisitorial tomava o rumo contrário do procedimento acusatório. Cabia ao acusado demonstrar que não era culpado perante um juiz que já estava convencido de sua culpabilidade e que só pensava em uma coisa: obter a confissão completa. O acusado tinha de superar obstáculos consideráveis. A instrução era secreta: isolado do mundo exterior, não sabia quem o denunciara, nem quais eram os elementos da acusação. Os interrogatórios eram rigorosos: o juiz brincava de gato e rato com o acusado e o confundia com perguntas desconcertantes. Se lhe fosse permitido a ajuda de um advogado, este, que temia pela própria vida, o instigava a confessar para pleitear as circunstâncias atenuantes. Por fim, ele tinha de enfrentar a provação da tortura. A tortura pelo fogo, a mais cruel, porém a mais eficaz, ou pela corda, a mais freqüente, o levava a confessar os crimes que insistiam em lhe atribuir.

Na Europa, durante todo o século XVI, desenha-se, com exatidão, uma verdadeira geografia demoníaca

A dificuldade surge do fato de que, na cultura ocidental muito diversificada, existiam várias outras crenças sobre a manifestação das forças sobrenaturais e as possibilidades que o homem possuía de manipulá-las a seu favor. Essas crenças eram constituídas, à semelhança da demonologia e, sem dúvida, há muito mais tempo que ela, de sistemas de representação bastante coerentes. Os teólogos e os juízes não hesitavam, pelas exigências da causa, em operar um amálgama rápido entre essas crenças e a bruxaria demoníaca. Os historiadores, mais tarde, seguiram seus passos. Na Europa, as regiões afetadas pela bruxaria demoníaca foram relativamente limitadas.

É preciso tomar cuidado para não se confundir e definir claramente as fronteiras geográficas e mentais. Entre 1500 e 1650, todo mundo na Europa acreditou na existência da bruxaria demoníaca, na realidade do sabá e da seita maléfica. Os testemunhos literários são unânimes, da Alemanha à Itália, da

Inglaterra à Espanha. Mas quando se trata de buscar os sinais judiciários dessa crença, em sua manifestação a mais trágica, a das execuções e fogueiras, uma geografia muito diferenciada se desenha.

Certas regiões experimentaram perseguições mais ou menos intensas em referência ao mito demonológico, outras o ignoraram. O modelo da bruxaria demoníaca chegou a se exprimir na prática penal no norte da Europa, essencialmente, e em alguns locais meridionais. As regiões mais afetadas

"[As bruxas] cozinham em caldeirões, sobre um fogo maldito, ervas venenosas e substâncias oriundas de animais ou corpos humanos."

Depoimento de Anne-Marie G., julgada pela Inquisição de Toulouse

Goya satiriza a crença na eficácia dos dentes de enforcados na fabricação de sortilégios.

foram Artois, Flandres e Hainaut, Cambrésis, Brabant, Luxembourg, Lorraine, Alemanha renana e meridional, os Alpes, Burgogne e Franche-Comté. Na Europa do Sul, somente a Guiana, o Béarn, o Labourd, o País Basco, o Piemonte e os vales alpinos da Itália do Norte conheceram a febre da caça aos bruxos. Em qualquer outra parte, foi esporádica, como na Normandia e na bacia parisiense, ou inexistente, como na maior parte da Itália e da Espanha, e também, no reino da França, na Bretanha, no Bas-Languedoc, em Forez.

Se a distribuição geográfica dos processos de bruxaria demoníaca reserva surpresas, a análise desses processos tampouco deixa de espantar. Há freqüentemente um abismo entre o discurso dos juízes, impregnados de demonologia e tentando a todo custo impor sua maneira de ver àqueles submetidos à sua jurisdição, e os depoimentos destes últimos. Os camponeses denunciavam tal ou qual indivíduo por seus sortilégios, o prejuízo

A Alemanha do Sudoeste testemunhou uma rigorosa caça às bruxas entre 1560 e 1670. Pelo menos mais de 3.200 pessoas foram executadas. Na cidade de Wiesenteig, 63 mulheres foram queimadas por bruxaria no ano de 1562, e no cantão de Obermarchtal, 43 mulheres e 11 homens foram executados nos anos 1586-1588, ou seja, 7% da população.

que causavam à comunidade ou a alguns de seus membros. São os juízes que, depois, traduziriam esses elementos da agressividade interpessoal na linguagem da bruxaria demoníaca, e a imporiam à força ou pela persuasão às suas vítimas.

A bruxaria demoníaca foi, portanto, uma criação cultural das elites sociais e dos eruditos, eclesiásticos e leigos. Impôs-se lentamente na mentalidade comum pelo intermédio das formas de comunicação habituais da época: os sermões, as lendas e contos... ou pelo espetáculo edificante e pedagógico das execuções.

IOÁNES
STRATENSIS
FLANDRVS
1570

Na Europa do Norte, nas regiões católicas limítrofes dos países "reformados", o exorcismo do Diabo pelo fogo conheceu um progresso incontestável: a bruxaria demoníaca é filha da heresia. Em compensação, nos países mediterrâneos, como a Espanha ou a Itália, menos afetados pelo protestantismo, os lançadores de sortilégios não eram suspeitos de pacto com o Diabo.

CAPÍTULO IV

BRUXARIA OU MAGIA?

A cerimônia da magia desenvolveu-se independentemente da bruxaria. No século XVI, quando atingiu seu apogeu, era uma verdadeira gnose, na medida em que os mágicos esperavam alcançar, pelos meios reservados aos únicos iniciados, o conhecimento dos mistérios divinos.

A "*mesnie* selvagem" raramente foi representada. Nessa talha, o gravador representou as almas errantes sob o aspecto de um desfile de loucos.

Mágicos, astrólogos, alquimistas, adivinhos e profetas, embora também se entregando a práticas ocultas e possuindo uma forma de poder sobre as coisas e sobre os seres, escaparam da caça aos bruxos. Ainda assim, a crença na bruxaria existia. Atestada na Itália desde as décadas de 1420-1430, o mito demonológico aí encontrou defensores, do grande pregador Bernardin de Sienne ao inquisidor Bernardo Rastegno. Este último escreveu, no fim do século XV e nos primeiros anos do século XVI, dois manuais, *Lanterne des inquisiteurs* e *Traité des sorcières*, que obtiveram relativo sucesso. Mas as perseguições foram limitadas, no espaço e no tempo. Uma caça aos bruxos se manifestou no fim do século XV e começo do XVI em Piemonte e na Lombardia, principalmente na diocese de Como, à margem de Valtelina e dos vales suíços de Grisons. Algumas fogueiras foram assinaladas em Gênova e no vale do Pó. Mas a repressão foi episódica e de breve duração. Sobretudo a Itália escapou da grande caça aos bruxos do século XVII. A região de Trentino conheceu somente uma explosão de violência no começo do século XVII, mas essa região pertencia à área de cultura germânica.

Se a Itália escapou de cair no terror satânico, deveu isso, paradoxalmente, à Inquisição

Evidentemente a breve caça aos bruxos, iniciada no fim do século XV na Itália do Norte, foi obra dos inquisidores, mas quando o papa Paulo III centralizou a Inquisição em 1542 e criou o famoso Santo Ofício da Inquisição romana e universal, os tribunais eclesiásticos desempenharam um papel moderador frente às exigências mais repressivas das jurisdições leigas. Contrariando o preconceito, os tribunais inquisitoriais, a partir da segunda metade do século XVI, se mostraram compreensivos, acessíveis ao bom senso e deram prova de uma relativa benevolência em relação a todos os delitos religiosos que não dependiam da heresia protestante. Mesmo na Sicília e na Sardenha, regiões onde a temida Inquisição espanhola reprimia com rigor, a caça aos bruxos foi completamente ignorada.

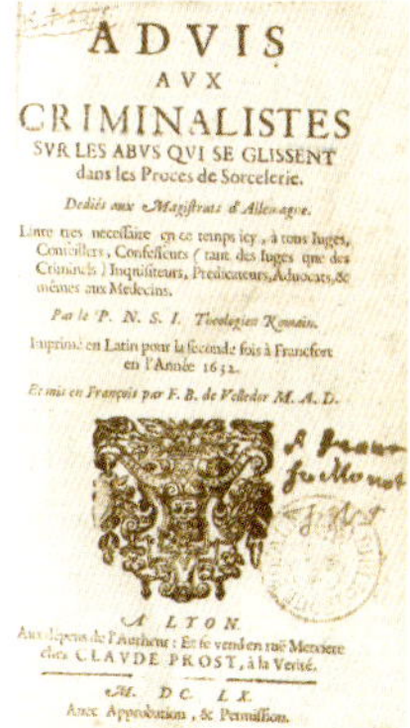
ADVIS
AVX
CRIMINALISTES
SVR LES ABVS QVI SE GLISSENT
dans les Proces de Sorcelerie.
Dediés aux Magistrats d'Allemagne.
Livre tres necessaire en ce temps icy, à tous Iuges, Conseillers, Confesseurs (tant des Iuges que des Criminels) Inquisiteurs, Predicateurs, Advocats, & mémes aux Medecins.
Par le P. N. S. I. Theologien Romain.
Imprimé en Latin pour la seconde fois à Francfort en l'Année 1632.
Et mis en François par F. B. de Velledor M. A. D.
A LYON.
Aux despens de l'Autheur : Et se vend en ruë Merciere chez CLAVDE PROST, à la Verité.
M. DC. LX.
Avec Approbation, & Permission.

Em Friole, os "*benandanti*" combatiam os bruxos para garantir a boa colheita

Por volta da década de 1570, a Igreja católica, regenerada pelo movimento da reforma proveniente do concílio de Trento, tentou pôr ordem nas crenças dos fiéis. Em Friole, no nordeste de Veneza, os inquisidores descobriram com espanto a existência de crenças muito antigas que, aparentemente, até então haviam lhes escapado. Alguns homens partiam, durante a noite das Têmporas, sob as ordens de um jovem capitão que levava o estandarte de Cristo. Esses *benandanti* – como chamavam a si mesmos – iam combater os bruxos na planície de

A noite das Têmporas, festa antiga que se sobrepôs ao calendário cristão, acontecia entre uma quinta-feira e uma sexta-feira.

Josafá, armados de bastões de sorgo. Do resultado dessas batalhas noturnas dependia o sucesso das safras futuras. Se os benandanti vencessem, as colheitas seriam boas; quando os bruxos saíam vencedores, eram ruins. Na volta do combate, os benandanti penetravam nas casas para comer as provisões e beber o vinho das adegas. Nem todo mundo podia se tornar um benandante. Era preciso ser eleito, isto é, nascer "com a cabeça coberta" pela membrana amniótica. O benandante não podia escapar de seu destino e, quando chegava a noite das Têmporas, ele desaparecia em um estado catatônico, durante o qual seu espírito partia para combater os bruxos. As inquirições dos juízes permitiram a revelação de outras crenças. Algumas mulheres, supostamente, também voariam à noite, para percorrer o campo, entrar nas casas, onde comiam as reservas de alimentos e furavam os tonéis de vinho. Os inquisidores, impregnados de cultura demonológica, eram persuadidos de estarem diante de manifestações de bruxaria demoníaca. Os benandanti não eram seres benéficos que combatiam os bruxos. Eles próprios constituíam uma seita de bruxos. As batalhas noturnas na planície de Josafá não eram nada mais que sabás onde se reuniam também as mulheres que voavam à noite, depois de terem untado o corpo com um ungüento. Essa

Na Itália do Sul e na Sicília, o costume da máscara ritual, através do que se exprimem os poderes ocultos, difundiu-se nos séculos XVII e XVIII. Exatamente como nas sociedades tradicionais, chamadas de "primitivas", as danças, transes e máscaras rituais sempre tiveram a função de dar voz e corpo aos espíritos, as bruxas as utilizavam para o desdobramento da personalidade.

Velas e talismãs usados na magia, na invocação pelo cristal.

confrontação durou quase um século. Os benandanti de Friole, camponeses pobres, enfrentaram os inquisidores jurando sua boa fé. Mas, pouco a pouco, cederam diante da pressão dos juízes e acabaram admitindo participarem do sabá. Por volta da metade do século XVII, suas antigas referências culturais tinham se esvaecido e seus relatos se conformavam cada vez mais ao modelo demonológico.

Com o traje composto de pedaços de panos triangulares, a máscara negra e o bastão, o Arlequim era, na Idade Média, um gênio maligno que se relacionava com o mundo de demônios e bruxas.

Os camponeses de Friole gravaram na memória mitos muito antigos de origem germânica, que o cristianismo quase não alterou

Hoje sabemos que os benandanti tinham razão e que os inquisidores estavam enganados. Entre os germanos, os guerreiros mortos em combate eram condenados a errar sob as ordens do deus Wotan. Com o cristianismo, esse exército furioso se viu reunindo-se com todos os mortos sem sepultura. Foi esse mito que os benandanti reativavam toda noite das Têmporas em seus transes xamanísticos. O capitão que os guiava era o que os antigos germanos chamavam de o rei das Têmporas, enquanto o chefe dos bruxos que eles combatiam não era outro se não Arlequim, o espírito feroz e maléfico, que a *commedia dell'arte* transformou em uma máscara inofensiva. As mulheres que voavam à noite evocavam a "*mesnie* selvagem", que as lendas medievais nos transmitiram e à qual o *Canon episcopi* já fazia referência no século X. Todas essas crenças mantiveram uma grande vitalidade e faziam parte, há séculos, do universo cultural e onírico dos camponeses de Friole. Não tinham nenhuma relação com a bruxaria maléfica e demoníaca. Porém não resistiram diante da tenacidade da Igreja católica da Contra-Reforma.

Na *commedia dell'arte*, ele se transformou em bufão cínico e poltrão. O teatro clássico enriqueceu sua personalidade. Marivaux o tornou um parvo em *Arlequin poli par l'amour*, um criado filósofo em *l'Ile aux esclaves*, um sonso maldoso em *le Jeu de l'amour et du hasard.*

No fundo, os inquisidores não ficaram realmente convencidos de ter algo a tratar com bruxos como descritos em seus manuais. Nunca armaram fogueiras e as penas que infligiram foram relativamente indulgentes, pois se relacionavam à prática penal corrente.

Na Itália do Sul, a prática da magia cerimonial era intensa. A partir do fim do século XVI, a Inquisição tenta em vão extingui-la

Tinha por objetivo reprimir as forças sobrenaturais por fórmulas rituais para obter vantagens imediatas tanto no domínio do amor quanto no da riqueza ou da saúde. Existiam várias vias de acesso a esses

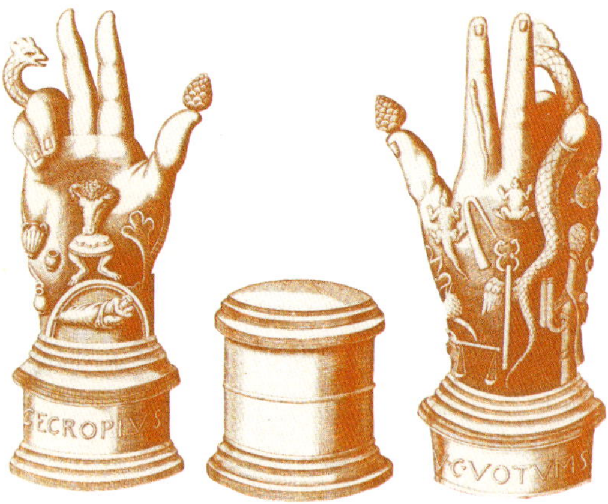

conhecimentos tão cobiçados. Em compensação, é inútil procurar uma caça aos bruxos, ou vestígios da presença de bruxaria maléfica e demoníaca. Nunca existiu.

Uma primeira forma de magia cerimonial foi praticada por eruditos, homens cultos, às vezes, verdadeiros humanistas, muitas vezes monges mendicantes e padres. A sua origem era antiga, pois, já no século XIV, o papa João XXII a havia condenado formalmente. Assentava-se em tradições herdadas da cabala judaica e da magia árabe. Enriqueceu-se com os conhecimentos extraídos do repertório da

A alquimia nasceu nos séculos II e III em Alexandria, na atmosfera do gnosticismo helênico. Os árabes transmitiram-na ao Ocidente no século XII. O alquimista trabalha para descobrir a pedra filosofal, que é, ao mesmo tempo, um medicamento universal e um pó aurífico.

alquimia e da astrologia. Tinha uma função essencialmente divinatória que consistia em evocar os espíritos e mantê-los, à mercê do utilizador, encerrados em um frasco ou anel. No século XV, com a redescoberta da Antiguidade pelo humanismo, esses conhecimentos foram reinterpretados através dos textos herméticos da Antiguidade tardia, e alguns filósofos neoplatônicos, como Pic de la Mirandole, tentaram conciliar essa magia hermética com o cristianismo. A síntese neoplatônica de todas as correntes da magia intelectual foi realizada pelo grande mago da Renascença tardia Cornélio Agrippa

Em 1583, o boato de que a pedra filosofal acabara de ser descoberta se propagou por toda a Europa. Três anos mais tarde, em 1586, pela bula *Coeli et terrae creator,* o papa Sixte Quint proibiu todas as formas de adivinhação.

Os alquimistas não foram os ancestrais dos nossos químicos. Os princípios que os animavam eram simbólicos e não científicos. A transmutação dos metais vulgares em ouro constituía apenas um meio de restaurar a semelhança divina original do homem em vista de sua própria deificação. Entre a alquimia e a química, a distância é tão grande quanto a que separa a astrologia da astronomia.

de Nettesheim, cuja *Philosophie occulte*, publicada em 1533, obteve um sucesso considerável.

À tradição e ao pensamento hermético recorrem humanistas, filósofos, astrólogos e também aqueles que esperam da magia operações espetaculares

Com algumas exceções, os magos napolitanos do fim do século XVI estavam afastados das especulações eruditas. Pesquisavam fórmulas cuja eficácia operatória deveria ser imediata. Por isso grande parte dos textos utilizados era apócrifa e circulava na forma de manuscritos e clandestinamente: eram as *Petites Clés de Salomon*, um texto judaico e árabe, ou então o *Quatrième Livre de Cornélius Agrippa*, obra esotérica consagrada à magia demoníaca. Os magos esperavam obter, pelos rituais e fórmulas

apropriadas, a ajuda de seres sobrenaturais que lhes desvendassem os mistérios da pedra filosofal, os arcanos da transmutação dos metais, ou que lhes fizesse descobrir os tesouros enterrados.

Uma febre de pesquisas de tesouros apoderou-se dos intelectuais napolitanos. O mais cobiçado foi o de Lautrec, comandante francês morto aos muros da cidade, em 1528, e que, ao que parece, tinha conseguido enterrar seu saque antes de morrer, um tubo cheio de moedas de ouro. Tampouco negligenciavam os filtros do amor que multiplicariam suas conquistas femininas, os talismãs, com base de pedra de ímã, que lhes valeria as boas graças de um poderoso, ou um simples pedaço de papel coberto de fórmulas hebraicas que os protegeriam de doenças ou agressões.

Paralela a essa magia erudita existia uma magia popular fundamentada na tradição oral, praticada por mulheres do povo, esposas de pequenos artesãos ou

A quiromancia é apenas uma das inúmeras técnicas de adivinhação que os homens da Idade Média e da época moderna utilizaram. Ela se propõe a ler o destino do indivíduo na forma e aspecto da sua mão – principalmente a esquerda – e nas linhas da palma.

prostitutas, analfabetas. Suas raízes culturais foram extraídas das receitas que as mulheres transmitiam umas às outras em segredo e que, por fórmulas simbólicas ou o conhecimento das virtudes dos simples, permitiam tratar doenças de crianças, de mulheres que não ousavam ou não podiam consultar um médico, pôr no lugar membros luxados ou fraturados. Mas sua sabedoria ultrapassava o domínio estrito das doenças orgânicas quando se tratava de desviar as influências malignas provocadas por feitiço ou mau-olhado, o *malocchio* que continua a causar estragos nas campanhas meridionais. A ela se recorria, então, quando uma criança se abatia misteriosamente e todos os remédios se mostravam ineficazes, quando o mal do amor consumia uma mulher abandonada por um amante ou marido volúveis, quando a impotência surpreendia um homem em plena vitalidade.

Bruxas e mágicos foram personagens habituais do teatro clássico. O seu emprego freqüente provocou uma verdadeira dessacralização. Mas, a partir do fim do século XVI, Giordano Bruno, que passou por um dos maiores magos de seu tempo, escarneceu dos mágicos e dos pedantes em sua peça *Il Candelaio.*

Quais eram os limites do poder das curandeiras? Eram capazes de lançar sortilégios?

Se conheciam os segredos que curavam por que não conheceriam os que, menos honrados, sujeitavam os indivíduos a seu poder? Insensivelmente, essas curandeiras, que conheciam as virtudes das plantas, que confeccionavam os filtros do amor e os talismãs, que recitavam as breves invocações aos santos taumaturgos, eram suspeitas – muitas vezes, não sem motivo – de serem *fattucchiere* respeitadas, assim como temidas. Os territórios não eram tão estanques. Algumas práticas da necromancia haviam infiltrado essa magia popular, e mais de uma

fattucchiera se vangloriava de possuir um demônio comprimido em um anel ou um frasco, de invocá-lo num espelho para adivinhar o futuro.

Para os juízes inquisidores, não havia lugar para a dúvida: mágicos que recorriam à tradição hermética, necromantes e *fattucchiere* eram bruxos. Os juízes tinham sua convicção reforçada pelas lendas que situavam nas redondezas de Benevento, junto de uma famosa nogueira, o local do sabá, ou na zona dos campos Flégréens, ao

Antes do nascimento da ciência médica no século XIX, o uso das plantas medicinais representava o único método curativo à disposição dos doentes. As virtudes das plantas estavam menos em suas qualidades próprias do que nas características simbólicas que se lhes atribuíam. As plantas deviam ser colhidas, por exemplo, em certos períodos do ano – como o dia da Ascensão, a noite de São João Batista ou uma noite de lua negra. Todavia, a passagem da planta tóxica que envenenava à planta curativa respondia à dupla face da bruxa que, podendo fazer o mal, sabia fazer o bem. E, de fato, deve-se notar que entre as plantas fetiches das bruxas, a meimendro preta e a beladona, plantas altamente tóxicas, mais tarde terão seus componentes usados na fabricação de medicamentos.

norte de Nápoles, região que, com o antro da Sibila em Cumes ou a entrada dos Infernos no lago Averne, conservou forte conotação infernal. Além disso, como em outras partes da Europa, os processos começaram a se multiplicar a partir de 1580. Porém, em vão. Apesar das tentativas iniciais, tiveram de renunciar a obrigar os acusados a confessar, o que constituía o cerne do mito demonológico: a participação no sabá. Nada era mais estranho à ideologia da magia hermética e da *fattura* que a bruxaria maligna e demoníaca. A Inquisição continuou, no século XVII, a perseguir o que considerava "superstições", mas a Itália do Sul não viveu as fogueiras.

Na Espanha, a caça às bruxas também foi um fenômeno muito restrito. Somente o País Basco enviou bruxos à fogueira

Em muitos aspectos, a Espanha mostrou, diante do problema da bruxaria, uma atitude semelhante à da Itália. A terrível Inquisição espanhola, cuja organização era mais rigorosa que a da Inquisição romana, se mostrou pouco cruel em relação aos supostos bruxos. Uma única região foi realmente atingida pela epidemia da bruxaria demoníaca: o País Basco. Mas quando a Inquisição interveio, foi quase sempre contra a vontade, incitada pelas comunidades locais e justiça civil. A partir de 1466, a junta da província de Guipúzcoa exigiu do rei Henrique IV de Castela que perseguisse as bruxas que infestavam a região. Nos primeiros anos do século XVI, foram assinaladas em Biscaye, na região de Durango, sedes de bruxaria, e, em 1507, o inquisidor de Logroño queimou aproximadamente trinta pessoas. Em 1527, duas meninas, de nove e 11 anos, que se achavam bruxas, acompanhavam o inquisidor para desmascarar os bruxos da região,

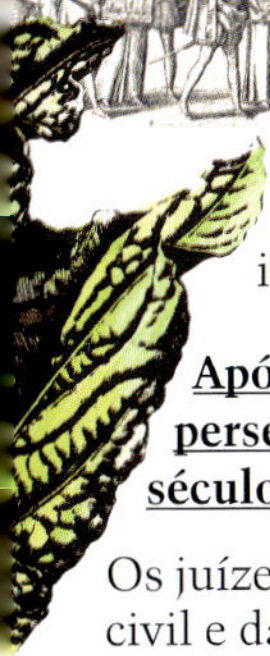

graças à pinta que tinham no olho esquerdo. Cento e cinqüenta pessoas foram importunadas.

Após uma breve explosão de violência, as perseguições cessaram na primeira metade do século XVI

Os juízes inquisidores moderaram o ardor da justiça civil e da população que a apoiava. Não estavam realmente convencidos da realidade dos pontos de acusação. As penas infligidas não eram severas e, com freqüência, depois de um interrogatório minucioso, os acusados eram libertados. Afinal, a Inquisição havia sido criada para controlar os recém-convertidos, judeus espanhóis e portugueses, e mouros, e a bruxaria não era sua preocupação central. Mas, como na região de Trento na Itália, a Espanha viveu uma nova e breve caça aos bruxos no começo do século XVII, sempre no País Basco. No momento em que, do lado francês, Pierre de Lancre pôs-se em ação na região do Labourd, o País Basco espanhol entrou novamente em ebulição. Por exigência da justiça civil, o inquisidor de Logroño enviou, em 1610, um comissário a Zugarramurdi. Mais de trezentas pessoas foram interrogadas e o processo prosseguiu

A mandrágora oficinal (ao lado, à esquerda), de sabor e odor desagradáveis, possui propriedades narcóticas e purgativas, mas conferiam-se virtudes mágicas à mandrágora que crescia aos pés de patíbulos.

Serpente fabulosa, fetiche da bruxa, o basilisco tinha a reputação de poder matar só com o olhar.

até 1614. Foi encerrado com sentenças relativamente brandas em comparação às exigências dos juízes leigos. Sete bruxas foram queimadas durante um auto-de-fé. Outras cinco, que haviam falecido, foram queimadas em efígie. Dezoito foram agraciadas. Mais tarde, as tensões

A sonâmbula dotada de visão, os olhos abertos no mundo das idéias imaginárias – como esse rosto pintado por Courbet –, foi um tema prezado pelos românticos.

se aplacaram. Fora do País Basco, a Inquisição espanhola só conheceu casos de magia ritual, a *hechiceria,* muito próxima da *fattura* da Itália do Sul. Manifestou em relação a esses casos uma indulgência que lembra a Inquisição romana.

Na França, os mágicos, os adivinhos, as curandeiras e todas as pessoas que se comunicavam com as forças ocultas eram convertidos a bruxos

A singularidade da França e das regiões limítrofes onde a bruxaria demoníaca foi reprimida reside no fato de que todas as crenças mágicas foram sistematicamente reduzidas ao modelo demonológico. Existiam, no campo, adivinhas que eram consultadas sobre o futuro ou para se reencontrar um ente querido ou um objeto perdido, curandeiras e outras empiristas de quem a sociedade

LÚCIFER, Imperador.
BELZEBU, Príncipe.
ASTAROT, Grão-duque.
LUCIFUGE, Prim.-ministro.
SATANACHIA, General.
AGALIAREPT, General.
FLEURETY, Tenente.
SARGATANAS, Brigadeiro.
NEBIROS, Mar.-de-campo.

As ciganas tinham a reputação, no século XVI, de serem adivinhadoras terríveis que se relacionavam com a magia. Mas o tema da leitora da sorte tornou-se lugar-comum na pintura barroca depois que Caravaggio o popularizou.

rural tanto precisava na ausência de qualquer estrutura sanitária. Essas mulheres foram freqüentemente acusadas de bruxas e muitas acabaram na fogueira, sob o pretexto de que os procedimentos de cura que usavam lhes haviam sido ensinados pelo Diabo, e de que podiam, além disso, empregá-los para lançar feitiços. Também nas cidades não faltavam intelectuais ou padres aficionados da astrologia e da alquimia, sonhando em encontrar tesouros escondidos graças à evocação dos espíritos comprimidos em seus frascos. Com muita freqüência, esses necromantes acabavam diante de tribunais e pagavam com a vida seus sonhos demiúrgicos.

A magia erudita tampouco é poupada. Os intelectuais se apresentam aos tribunais

Esse aspecto é menos conhecido, pois a pesquisa histórica se interessou mais pela bruxaria rural. No entanto, possuímos índices sobre a difusão da magia erudita. Entre 1565 e 1640, o parlamento de Paris julgou mil cento e dezenove pessoas acusadas de bruxaria. Quase sempre eram processos de recurso para sentenças capitais emitidas pelos tribunais locais. A competência do Parlamento era considerável, pois abrangia, aproximadamente, um terço do reino. Os sujeitos àquela jurisdição que interpuseram o recurso conheciam os seus direitos. Habitavam, geralmente, as cidades e possuíam um nível social e cultural superior. Por isso mais da metade deles eram homens, enquanto a população

Muito praticada no fim da Idade Média, a necromancia (do lado, à esquerda) consistia em fazer aparecer os mortos ou, senão, em desenterrar seus cadáveres para a realização de operações estranhas.

O mito de Fausto nasceu no século XVI, na Alemanha, e foi firmado em 1604 pelo dramaturgo inglês Christopher Marlowe. Fausto é um herói prometéico que simboliza a sede de conhecimento e de poder do homem em face dos poderes sobrenaturais. Em 1832, Goethe tornou-o tema de uma aposta entre Mefistófeles e Deus. O primeiro busca rebaixá-lo à classe de um bronco e o segundo 0 salvá-lo da tentação. Com a mediação da razão, Mefistófeles o seduz propondo o conhecimento em troca do pacto demoníaco. Mas o doutor escapa da cilada. É transportado para o mundo mitológico da Grécia, onde se casa com Helena de Tróia, que representa a beleza. Obtém, assim, a salvação.

de mulheres na bruxaria rural ultrapassava por toda parte os oitenta por cento. Esses homens que recorreram à clemência dos parlamentares eram, certamente, mágicos, necromantes que, na Espanha ou na Itália, não tinham arriscado a vida diante de um tribunal da Inquisição. O parlamento de Paris era, com razão, reputado por sua moderação em questão de bruxaria. Isso não impediu que mandasse à fogueira mais de uma centena dos que apelaram da sentença.

Tentar entender por que certas regiões participaram da caça aos bruxos enquanto outras se mantiveram à parte, levanta mais um vez o problema da diversidade cultural da Europa na época moderna. Mas, por trás dessa constatação, coloca-se a questão das origens profundas da bruxaria demoníaca e da sua prática.

No século XVII, a caça às bruxas continua intensa. Alguns processos de grande repercussão são assunto de crônicas. No entanto, a repressão não era aprovada por unanimidade. Manifestações, particularmente entre o clero e os médicos, propunham novas explicações da bruxaria.

CAPÍTULO V

O DECLÍNIO DA BRUXARIA

O problema da bruxaria levantou o problema da posição da mulher na sociedade cristã. Do ponto de vista teológico, a mulher é marcada pelo pecado original. Ela permanece sendo o agente do Diabo. Mas também é o seu corpo que inquieta. O desconhecimento da fisiologia do seu corpo dá livre curso a todas as extravagâncias da imaginação.

O crime da bruxaria demoníaca acabou por se impor no espírito dos juízes e das elites intelectuais ao longo do século XVI. Mas a oposição aos processos de bruxaria e a colocação em questão da própria noção de demonologia se expressaram, no auge da repressão, em alguns intelectuais, no começo isolados, depois, cada vez mais numerosos. As suas idéias acabaram por se impor na segunda metade do século XVII.

A aprovação ou a recusa das teses demonológicas não dependiam do grupo social ou da instituição a que se pertencia. Quase sempre, cada qual se decidia em função de sua convicção íntima. Porém convém notar a grande discrição dos teólogos, inquisidores e Cúria romana diante do problema da bruxaria

Enquanto os diabos de Bosch e Breughel, por exemplo, são monstros de feira ou carnaval, ou personagens construídas segundo certas normas, os demônios de Rijckaert impressionam por seu "realismo": carnes pútridas se balançando a um ritmo endemoninhado são perfeitamente insólitas.

demoníaca. Não se trata de negar a responsabilidade da Inquisição e do papado no surgimento do mito demonológico no século XV, porém, no século XVI, se afastavam dessa noção devido aos excessos que tinham provocado. A Igreja católica nunca cedeu. Satã permaneceu uma realidade, e a idéia de que ele podia perverter o gênero humano subsistiu como um dado fundamental do sistema de representação do catolicismo pós-tridentino. Em 1586, o papa Sixte Quint promulgou uma bula que condenava o recurso à astrologia judiciária e a todas as formas de adivinhação, pois o conhecimento do futuro era impensável sem a ajuda do Diabo.

Saturno era reputado como sendo o padroeiro das bruxas. Na realidade, originariamente, era o padroeiro dos mineiros, o que o aproxima das divindades infernais; também foi o primeiro antropófago: as bruxas eram freqüentemente acusadas de antropofagia. Além disso, o domicílio noturno (o planeta) de Saturno é o signo de Capricórnio, representação freqüente do Diabo.

É na prática judiciária que a moderação do aparelho eclesiástico foi mais sentida

Quando a Inquisição intervinha no caso da bruxaria, em geral era para acalmar a veemência das jurisdições seculares. No caso de Zugarramurdi no País Basco, no começo do século XVII, um dos juízes do tribunal da Inquisição de Logroño recusou-se a condenar as supostas bruxas. Alonso de Salazar y Frias foi encarregado de aplicar, em 1611, um edito de graça na província. O seu ato benéfico contribuiu para acalmar os ânimos. Para ele, a bruxaria era fruto da credulidade; as suas imagens, o produto de uma imaginação doente; o inacreditável balé de monstros e demônios, pura fabricação do espírito; e produziu a prova analisando várias centenas de depoimentos contraditórios. A primeira voz que se levantou contra a crença na bruxaria demoníaca e a sua repressão foi a do jesuíta alemão Friedrich Spee. O seu tratado *De la prudence en matière criminelle ou Des procès contre les sorcières* [Da Prudência em questão penal ou Processo contra as bruxas] foi publicado em 1631 e teve grande repercussão. Em 1657, o papa Alexandre VII recomendou aos juízes a maior prudência ao qualificar crimes de bruxaria. Enfim, em 1671, um capuchinho, o padre Jacques d'Autun, publicou na França o primeiro grande tratado contra a própria noção de crime de bruxaria. *L'Incrédulité savante et la Crédulité ignorante au sujet des magiciens et sorciers* [A incredulidade erudita e a Credulidade ignorante a respeito dos mágicos e bruxas] assinalou uma virada na mentalidade judiciária francesa.

No século XVI, Jean Wier foi um precursor. Mas sua voz permaneceu isolada. Foi preciso quase um século para que os médicos ousassem de novo impor uma perspectiva clínica sobre a bruxaria.

Passaram pela *intelligentsia* leiga correntes de opinião que muitas vezes se confrontaram violentamente. Os protestantes, em geral, se opunham à caça aos bruxos

Sem negar o papel desempenhado por Satã, eles o consideravam uma manifestação do fanatismo

papista. Os médicos também se colocaram do lado dos opositores, vendo na bruxaria os efeitos de uma imaginação descomedida. Alguns deles formaram a vanguarda do combate aos juízes demonólogos. Em 1563, Jean Wier publicou, na Basiléia, um tratado sobre *Les Illusions des démons, les Incantations et les Poisons* [As Ilusões dos demônios, os Encantamentos e os Venenos]. Ele não negava a existência de Satã nem a dos verdadeiros bruxos que eram os seus agentes. Porém via na maioria dos pretensos bruxos simples doentes que precisavam ser tratados com remédios. Somente no caso de não surtirem efeito, o médico deveria recorrer ao ministro da Igreja. Jean Wier não era qualquer um. Era médico pessoal do duque de Clèves, e foi contra o seu tratado, publicado em francês em 1569, que Jean Bodin escreveu a sua *Démonomanie des sorciers* [Demonomania dos bruxos]. No século XVII, vários médicos estiveram à frente do combate à repressão. Foram personagens consideráveis como Guy Patin,

A epilepsia, ou mal-caduco, foi durante muito tempo considerada uma desordem sagrada. Um temor respeitoso cercava os epilépticos e lhes conferia um lugar particular na sociedade campesina. Certos santos terapeutas, como São Donato ou São Vito, eram invocados contra a doença. As peregrinações que se desenvolviam nos santuários a eles consagrados eram espetaculares por causa das crises coletivas que muitas vezes provocavam. O doente entrava, geralmente, em estado de graça até a peregrinação seguinte.

Marc Duncan e Pierre Yvelin. Muito próximo deles, os que chamamos de "libertinos", intelectuais, muitas vezes deístas, algumas vezes ateus, precursores dos filósofos das Luzes. O seu cabeça era Gabriel Naudé, bibliotecário do cardeal Mazarino. A sua influência foi grande nos salões, nas academias, onde se encontravam com os magistrados, que também estavam divididos.

A maior parte dos magistrados segue seus pares tornados famosos por seus tratados de demonologia

De fato, muitos seguiram as posições expressas por Jean Bodin, sobretudo os juízes das jurisdições inferiores. Os magistrados das cortes soberanas, essencialmente as dos parlamentos, demonstraram mais reserva com relação à caça aos bruxos e mais flexibilidade na aplicação das penas. No começo, ficaram inquietos, principalmente em relação ao procedimento penal, e viam, na atividade excessiva de seus colegas das cortes inferiores, um perigo para a ordem pública e o poder real. No entanto, pouco a pouco, passaram para a oposição à caça aos bruxos. Mas nem todos avançaram igualmente. Os membros do parlamento de Paris e os do parlamento de Dijon deram prova de tolerância e circunspecção, enquanto os do parlamento de Rouen se mostraram bem mais tradicionalistas.

REFVTATION DES OPINIONS DE IEAN WIER.

A opinião pública francesa, a dos magistrados e elites sociais – a única que contava –, evoluiu progressivamente para o século XVII. Foi sob sua pressão que a grande caça aos bruxos teve um fim. Vários grandes casos judiciários contribuíram para a mudança de mentalidade.

O século XVII foi o da reforma católica. A multiplicação de conventos e a aplicação cada vez mais rigorosa moralmente do seu princípio criaram tensões. Sob o efeito da clausura, da intervenção dos confessores e da ingerência das famílias de notáveis, os conventos femininos viveram uma história agitada. É nesse contexto que se inscrevem os grandes casos de possessão.

Em 1609, em Aix-en-Provence, uma jovem ursulina de origem aristocrática, Madeleine Demandois de La Palud, é vítima de alucinações e terrores noturnos

Convencidos de que se tratava de uma possessão diabólica, dois dominicanos de Aix, os irmãos Michaelis e Domptius, a submeteram a exorcismos públicos, que eram acompanhados por multidões cada vez mais numerosas. Logo a jovem religiosa se pôs a acusar um padre bastante renomado, cura da paróquia dos Accoules, em Marselha, o padre Louis Gaufridy. Ele era o confessor de sua família e havia confessado a jovem religiosa quando ela ainda residia em Marselha. Ela o acusava de tê-la embruxado. Louis Gaufridy era uma personalidade eminente. Foi defendido por seu bispo e conseguiu se justificar uma primeira vez. Mas o parlamento de Aix, diante das proporções que o caso tomou, julgou-o e, em

O renascimento intelectual foi sensível ao ambiente do século XVII. Prefigura, muitas vezes, o século das Luzes. Gabriel Naudé, que morreu em 1653, foi o bibliotecário de Mazarino e de Cristina da Suécia. Ele ajudou o cardeal a organizar uma das coleções de livros e manuscritos mais ricos de seu tempo. A proteção e impunidade de que gozava o tornavam um pensador do movimento libertino. Porém, viu seu trabalho reduzido a nada pela Fronda. Foi Colbert que ajudou Mazarino a reorganizar sua biblioteca depois que voltou ao poder.

fevereiro de 1611, depois de ser submetido à tortura, o padre "confessou". Confessou ter feito um pacto com o Diabo, de ter renegado sua fé, de ter ido ao sabá e de ter lançado sortilégios. Havia enfeitiçado Madeleine para torná-la uma bruxa. Ele a seduzira e confessou, até mesmo, tê-la "conhecido carnalmente". Em dois meses, o processo foi expedido e, em 30 de abril de 1611, Louis Gaufridy subiu à fogueira.

O caso da possessão de Aix teve grande repercussão no reino, onde a notícia se espalhou rapidamente. Tornou-se o protótipo de uma série de casos semelhantes durante o século XVII.

Os estabelecimentos das religiosas eram mantidos sob estreita vigilância das autoridades diocesanas. Estas preocupavam-se menos com as possíveis manifestações do Diabo do que com as infrações à disciplina da clausura e sobretudo com as aspirações místicas de algumas monjas. A freqüência de fenômenos visionários e extáticos é uma característica do século XVII. Quase sempre era, para essas mulheres, uma forma de reivindicação da autonomia religiosa.

Na metade do século XVII, o caso dos diabos de Loudun assume a dimensão de uma tragédia clássica

O cenário, mais uma vez, é um pequeno convento de ursulinas em que a madre superiora, Jeanne-des-Anges, teria atraído as suas religiosas às manifestações de possessão diabólica. Nem a cidade, de maioria protestante, nem a personalidade das religiosas, que pertenciam à nobreza local, nem a do padre Urbain Grandier, acusado por Jeanne-des-Anges de ser bruxo, poderiam passar indiferentes. Esse homem, cura da paróquia de Saint-Pierre-du-Marché e cônego de Sainte-Croix, era uma personalidade importante, um espírito independente e libertino, envolvido nas intrigas políticas locais e confessor de mulheres da aristocracia citadina, sobre as quais exercia uma influência equívoca. Em 1632, Urbain Grandier, que tinha obtido o apoio do arcebispo de Bordeaux, conseguiu repelir as acusações proferidas pela madre superiora durante exorcismos públicos.

O debate sobre a bruxaria no século XVII é indissociável do fortalecimento da autoridade monárquica, do qual o cardeal Richelieu foi o partidário mais entusiasta.

A política intromete-se. O cardeal de Richelieu, primeiro-ministro de Luís XIII, se interessa imediatamente por Loudun

Richelieu tinha uma parenta entre as ursulinas. Loudun localizava-se em uma região que não aceitava bem o fortalecimento absolutista do Estado. A cidade era protestante e, para controlá-la, o cardeal tinha criado a cidade vizinha, Richelieu. Também mandou demolir o castelo, apesar da oposição do governador da cidade, apoiado por seu amigo, Urbain Grandier. O cardeal-ministro tinha enviado ao local um homem seu, Martin de Laubardemont, intendente de província, encarregado de supervisionar a demolição da fortaleza. Não é preciso dizer que sua presença em Loudun não era bem vista. Ele havia jurado a desgraça de Grandier e interessou-se pessoalmente pelo caso, tendo, também, parentas entre as religiosas. Os partidários da realidade da possessão e da culpabilidade de Urbain Grandier conseguiram que o

L'OMBRE
D'VRBAIN GRANDIER
de Loudun.
SA RENCONTRE
& conference auec Gaufridy
en l'autre monde.

processo não fosse instruído pelo parlamento de Paris, considerado complacente demais nos casos de bruxaria, e conseguiram que Richelieu autorizasse, a Laubardemont, uma comissão especial para julgar Grandier. No fim de 1633, o padre foi preso. A instrução da causa, na primavera de 1634, foi fortemente condicionada pelos exorcismos públicos organizados pelos capuchinhos, e ao longo dos quais as religiosas faziam falar os diabos que acusavam Grandier. Sob tortura, Urbain Grandier negou qualquer pacto com o Diabo e qualquer participação no sabá. Foi condenado em 8 de agosto de 1634 e queimado vivo no mesmo dia.

"O citado padre Lactance, recoleto, nos disse, [...] estando o citado Grandier amarrado ao poste em que deveria ser queimado, que enquanto exorcizava a lenha receando que o calor e a atividade do fogo fossem suspensos pelo diabo, viu uma mosca preta e grande como uma noz cair no livro dos exorcismos."

Testemunho do notário Angevin, 1634

O padre foi vítima de cabalas ou foi realmente possuído? A polêmica está aberta

Mais do que o caso de Aix, o de Loudun abalou a opinião pública. Contribuíram para isso os exorcismos públicos aos quais foram submetidas as moças do convento, assim como a dignidade extraordinária de Urbain Grandier na adversidade. Um debate inflamado foi travado sobre a realidade da possessão e culpabilidade do padre. Para alguns, não havia dúvidas. Para outros, as ursulinas simulavam,

Uma testemunha descreve a madre Jeanne-des-Anges como "um belo lírio branco, não apenas cercado e quase dilacerado pelos espinhos da tentação, porém, além disso, atacada cruelmente por uma tempestade terrível".
A provação dos exorcismos contribuiu enormemente para aumentar sua reputação de santa.

ou melhor, eram vítimas da ilusão de sua imaginação, enquanto Urbain Grandier tinha caído na cilada de um acerto de contas. Os partidários da primeira solução provinham do clero e, principalmente, do aparelho do Estado. Em compensação, os protestantes, os libertinos, a maioria dos médicos eram favoráveis à segunda solução. A fronteira passava pelo alto clero, já que La Rochepozay, bispo de Poitiers, estava entre aqueles convencidos da culpabilidade de Grandier, enquanto Sourdis, o arcebispo de Bordeaux, pendia para a hipótese da cabala contra o cura. Após a trágica conclusão do processo, a confissão das ursulinas foi retirada dos capuchinhos e confiada aos jesuítas. O padre Surin, um dos maiores confessores de seu tempo, foi designado para a madre Jeanne-des-Anges. Ele nunca escondeu que ficara desconcertado com a natureza fantasiosa da madre superiora e que ela o impressionara.

Depois que o cônego Grandier, espírito livre e

Pelas virtudes sobrenaturais com que são investidos, os santos são exorcistas eficientes: como São Martin caçando os demônios do corpo de um possesso.

independente, foi executado, o sucesso da madre superiora foi total. Apresentando os estigmas, chegou a adquirir a reputação de santidade. Em sua mão esquerda estavam inscritos, pintados em vermelho, os nomes de Jesus, Maria, José e São Francisco de Sales. Em 1638, empreendeu uma viagem triunfal pela França, para a peregrinação ao túmulo de São Francisco de Sales em Chambéry. Em Paris, ela foi apresentada a Richelieu e a Saint-Germain, a Luís XIII e a Ana da Áustria. Ao retornar, teve o privilégio de assistir ao nascimento de Luís XIV. Mas a novidade do caso de Loudun deve-se ao debate que provocou. A informação circulou com grande rapidez pelo intermédio de livros, crônicas, libelos, nos quais partidários e adversários desenvolveram suas teses. Nesse sentido, o caso contribuiu para despertar a opinião pública sobre o problema da bruxaria.

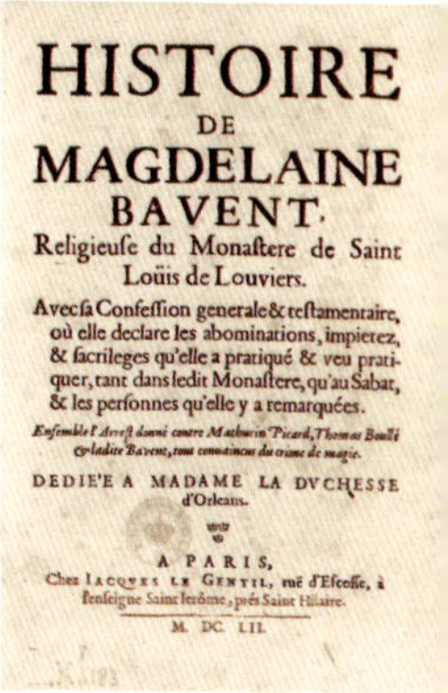
HISTOIRE
DE
MAGDELAINE
BAVENT.
Religieuse du Monastere de Saint
Loüis de Louviers.
Avec sa Confession generale & testamentaire, où elle declare les abominations, impietez, & sacrileges qu'elle a pratiqué & veu pratiquer, tant dans ledit Monastere, qu'au Sabat, & les personnes qu'elle y a remarquées.
Ensemble l'Arrest donné contre Mathurin Picard, Thomas Boullé & ladite Bavent, tous conuaincus du crime de magie.
DEDIE'E A MADAME LA DVCHESSE d'Orleans.
A PARIS,
Chez IACQVES LE GENTIL, ruë d'Escosse, à l'enseigne Saint Ierôme, prés Saint Hilaire.
M. DC. LII.

<u>Com o caso de Louviers, a opinião pública culta oscilou decididamente para o lado dos adversários da realidade da possessão</u>

Em 1633, na pequena cidade normanda, Madeleine Bavent, religiosa do convento das Hospitalières de Saint-Louis et Sainte-Elisabeth, foi acometida de convulsões. O bispo de Evreux interveio prontamente para abafar o caso. Mas os problemas recomeçaram nove anos mais tarde, com a morte do confessor do convento, o padre Mathurin Picard, de quem a reputação de santo fizera com que fosse enterrado no próprio coro da capela do convento. A história parece expressar-se de maneira confusa. Exorcismos e revelações sucederam-se. A conclusão foi a condenação de Madeleine Bavent e de Mathurin Picard como bruxos. A primeira foi condenada à prisão perpétua, os restos do segundo deviam ser desenterrados da capela. A família do padre santo apelou ao parlamento de Rouen, e o caso se propalou. O processo foi longo, enriquecido com provas e contraprovas. Encerrou-se em 1647 com a condenação não somente de Picard mas também com a de seu vigário Thomas Boullé, acusados de bruxaria, de terem tido relações sexuais com Madeleine Bavent e de terem sacrificado os filhos

nascidos dessas diversões. No mesmo dia em que a sentença foi proferida, Thomas Boullé foi queimado com os ossos de seu antigo cura.

O caso de Louviers suscitou polêmicas ainda mais inflamadas do que os debates provocados pelas possessões precedentes. As freiras de Louviers eram de origem burguesa e, portanto, menos protegidas das críticas do que as religiosas de ascendência nobre de Loudun ou Aix-en-Provence.

Nesse meio tempo, o grupo dos "antipossessionistas" havia, claramente, se fortalecido na opinião pública. Prova disso foi a investigação conduzida por Pierre Yvelin, médico protegido de Ana da Áustria. Ele se opunha à tese de possessão, sem afirmar a simulação. Para ele, essas mulheres eram vítimas de distúrbios psíquicos. O

Na sociedade do Antigo Regime, a possessão diabólica era a expressão culturalmente codificada do que os psiquiatras do fim do século XIX descreveram como histeria. A forma oficial do exorcismo, reservado aos padres, foi fixada pelo *Rituel romain* [Ritual romano] que Paulo V publicou em 1614.

caso da possessão de Louviers encerrou-se, entretanto, com a derrota das religiosas. Elas tinham acusado a antiga superiora, que recorreu diretamente ao Conselho privado do rei. Em 1653, a irmã Françoise-de-la-Croix foi inocentada pelo tribunal diocesano de Paris e, no ano seguinte, o Conselho privado anulou todos os procedimentos em curso.

Esse caso acabou de voltar a opinião pública culta contra as possessões diabólicas e as acusações de bruxaria. Foi em uma Bourgogne traumatizada por uma caça aos bruxos particularmente sangüinária que se manifestou esse *fait divers*. Os acontecimentos se repetiam: um convento de ursulinas, convulsões, exorcismos públicos e acusações contra uma religiosa, Barbe Buvée, certamente inadaptada à sua comunidade. Do tribunal diocesano, o processo passou para o parlamento de Dijon, depois para o parlamento de Paris. Afinal, Barbe Buvée foi simplesmente absolvida em 1664.

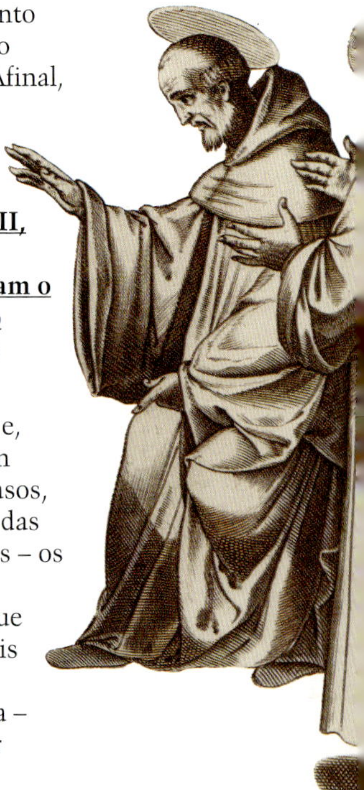

Durante o século XVII, os magistrados do Parlamento alteraram o procedimento no sentido de mais clemência

Insensivelmente e, quase sempre, em reação a esses casos, os magistrados das cortes supremas – os parlamentos sobretudo, que são tribunais reais de segunda instância – tentaram rctirar o caráter penal da bruxaria.

O caminho foi longo e, às vezes, sinuoso. Os magistrados do parlamento de Paris, que eram os mais bem informados no reino e os mais abertos à corrente "libertina", se viram na vanguarda do combate. A partir de 1601, proibiram a prova da água, esse ordálio bárbaro ao qual eram submetidos os supostos bruxos. Em 1624, reafirmaram o recurso de direito dos tribunais subalternos ao parlamento. Esse direito ao recurso era automático em caso de sentença de morte, mas não era respeitado porque os tribunais locais insistiam, invejosamente, na sua autonomia. A partir de 1641, o parlamento de Paris se mostrou cada vez mais altivo e, para fazer essa regra ser respeitada, não hesitou em queimar os bruxos que acabava de condenar.

Foi no domínio da jurisprudência que o parlamento de Paris se mostrou mais liberal e fez a mentalidade progredir. No caso de recurso, as penas eram quase que sistematicamente atenuadas, as penas de morte geralmente comutadas em penas de exílio. Não demorou e a maior parte dos parlamentos provincianos seguiu o exemplo do parlamento de Paris.

A partir de 1665, Colbert e seus colaboradores se associaram a uma tarefa imensa – a de reformar profundamente um código penal tornado obsoleto

Esse trabalho gigantesco que deveria modificar os hábitos cotidianos dos súditos do reino foi concluído com o grande decreto de procedimento penal de 1670. Nele não há nem a mais leve alusão à bruxaria. É uma surpresa, na medida em que a última onda de caça aos bruxos que havia, tão dramaticamente, ensangüentado a Bourgogne estava fresca na memória. Essa ausência traduziu, de fato, uma

Diante da bruxaria, os parlamentos de província não obedeceram à mesma política de Paris: Dijon e Toulouse proibiram a prova da água e impuseram a apelação; Aix, Grenoble e Rouen se mostraram mais tradicionalistas. No todo, a jurisprudência parlamentar acabou por se impor aos juízes de instâncias inferiores.

Jean-Baptiste Colbert, que serviu a Luís XIV de 1661 a 1683, não inovou em matéria penal. Os dois grandes decretos de 1667 e 1670, dos quais foi o iniciador, visavam mais codificar e fixar o direito do que reformá-lo.

O fim de uma crença

"É uma grande pena que não haja mais hoje em dia nem possessos nem mágicos nem astrólogos nem gênios. Não podemos conceber como, há cem anos, todos esses mistérios eram recursos inestimáveis. A nobreza toda vivia, então, em seus castelos. As noites de inverno são longas. Teriam morrido de tédio sem essas nobres diversões. Não havia castelo a que não fosse uma fada em certos dias marcados, como a fada Melusine ao castelo Lusignan. [...] Cada cidade tinha o seu bruxo ou sua bruxa, cada príncipe tinha o seu astrólogo, todas as damas tinham a sua sina lida, os possessos percorriam os campos, discutia-se quem tinha visto o diabo ou quem o veria."

Voltaire,
Dictionnaire philosophique

Tese a favor das bruxas

"Diante do mundo todo
que me escuta, provoco,
desafio, cito, chamo
A Reverendíssima
Feijona
E toda a súcia de
sectários
Passados, presentes e
futuros,
cuja língua grosseira
e sem reservas
nega, negou ou negará
a existência real e
verdadeira das bruxas.
Elas existem, eu afirmo;
e se a minha palavra
não basta, estou pronto
a prová-lo
Pela discussão ou pelas
armas,
como quiserem,
Nas ruas, nos púlpitos
das igrejas,
nas praças e nos
campos."

Don Francisco
Sanchez Barbero,
Dialogues satyriques,
1816

ambigüidade da parte do legislador. O fato de a bruxaria não ser qualificada como um crime foi um progresso, mas esse silêncio refletiu também a extensão das resistências locais.

Em 1671 e 1672, várias decisões do Conselho de despachos encerraram brutalmente a caça aos bruxos locais, em Béarn, na Guiana e na Normandia. O parlamento de Rouen, o mais devoto, o mais crítico e o mais tradicionalista de todos, persistiu em dar plena liberdade de ação aos tribunais locais. Foi preciso esperar 1682 para que o Estado interviesse definitivamente na questão da bruxaria. Esse edito de 1682 sobre os mágicos, os adivinhos e os envenenadores, foi uma conseqüência do caso dos Venenos que havia comprometido Madame de Montespan, amante de Luís XIV. Mas a bruxaria demoníaca foi, mais uma vez, tratada à revelia. O edito previa perseguições contra mágicos e bruxos na condição que se apresentassem provas materiais, como a utilização de venenos. Não se tratava mais de executar atos em justiça baseados na simples denúncia do boato público. Essa prudência se explica

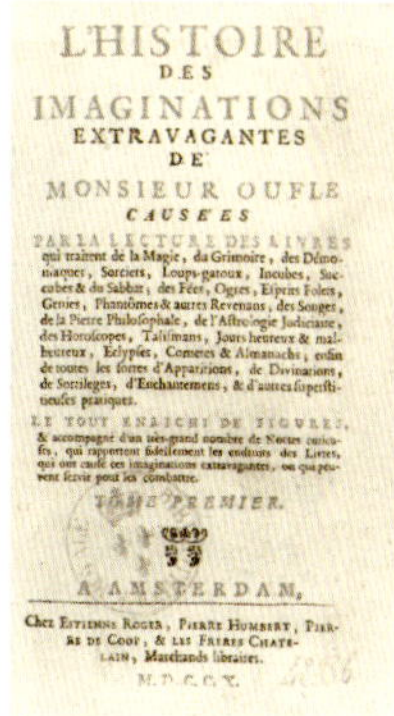
L'HISTOIRE
DES
IMAGINATIONS
EXTRAVAGANTES
DE
MONSIEUR OUFLE
CAUSÉES
PAR LA LECTURE DES LIVRES
qui traitent de la Magie, du Grimoire, des Démoniaques, Sorciers, Loups-garoux, Incubes, Succubes & du Sabbat; des Fées, Ogres, Esprits Folets, Genies, Phantômes & autres Revenans, des Songes, de la Pierre Philosophale, de l'Astrologie Judiciaire, des Horoscopes, Talismans, Jours heureux & malheureux, Eclypses, Cometes & Almanachs; enfin de toutes les sortes d'Apparitions, de Divinations, de Sortileges, d'Enchantemens, & d'autres superstitieuses pratiques.
LE TOUT ENRICHI DE FIGURES,
& accompagné d'un très-grand nombre de Notes curieuses, qui rapportent fidellement les endroits des Livres, qui ont causé ces imaginations extravagantes, ou qui peuvent servir pour les combattre.
TOME PREMIER.
A AMSTERDAM,
Chez ESTIENNE ROGER, PIERRE HUMBERT, PIERRE DE COUP, & LES FRERES CHATELAIN, Marchands libraires.
M.DCC.X.

Monsieur Oufle (anagrama de "le fou", o louco) é uma sátira dos livros de magia: a história de um pobre homem que consagrou sua vida à leitura das obras de magia e de bruxaria, e que confunde a ficção com a realidade.

pela atmosfera devota que reinava então na Corte e no reino. Foi o apogeu da Reforma católica. O legislador não podia negar a realidade do Diabo nem a eventualidade dos procedimentos maléficos de seus sequazes. Em compensação, ao exigir que os juízes tomassem um cuidado especial ao produzir as provas materiais, desqualificava, de fato, o crime demoníaco. A partir de então, o movimento se pôs em ação. Com a difusão da filosofia das Luzes, a bruxaria caiu, progressivamente, para o lado da superstição vulgar, da ignorância popular e da ilusão do imaginário.

A marquesa de Montespan foi a amante do rei Sol entre 1667 e 1677. Embora tenha sido inocentada por um relatório de Colbert, ficou comprometida com o caso da marquesa de Brinvilliers executada em 1676 e pelo caso dos venenos (1677-1681), que se concluiu com cerca de vinte execuções capitais.

A partir do século XVIII, despojada de sua aparência maléfica e satânica, a bruxaria viu sua posição cultural se degradar rapidamente e ser rebaixada ao nível da superstição

Mas os bruxos, os alambiques e seus vapores sulfurosos não demoraram a ressuscitar, graças à imaginação romântica, assombrada pelas forças ocultas e pelos espíritos invisíveis. Durante o século XVIII, a bruxaria desapareceu da prática judiciária dos países ocidentais. Mais tarde, recuperou parte do lustro perdido, quando o romantismo a sublimou em tema literário, pictórico ou musical. Foi, provavelmente, na primeira metade do século XIX que o estereótipo da bruxa se impôs em toda a Europa, mesmo nas regiões que não a tinham conhecido no passado. Na literatura, a redescoberta da cultura popular pelo romantismo, sobretudo alemão, contribuiu para fixar essa imagem. Os contos e lendas populares, que veiculavam a tradição oral, haviam sido, durante os séculos precedentes, impregnados pela velha cultura erudita demonológica. Compilados por escritores-etnólogos, como os irmãos Grimm, alcançaram o reconhecimento literário. Por esse intermédio, a

bruxaria maléfica e satânica recuperou parte de sua legitimidade.

A bruxaria também constituiu motivo de inspiração para pintores, dos quais Francisco de Goya foi o mais surpreendente. Suas obras estão repletas de cenas de sabás e retratos de bruxas, embora a caça aos bruxos tenha passado apenas de leve pela Espanha.

Na época romântica, pintores, poetas, romancistas, músicos redescobriram as trevas da Idade Média

Músicos românticos extraíram da bruxaria alguns de seus temas, como Felix Mendelssohn-Bartholdy ou Hector Berlioz. A obra do historiador Jules Michelet se insere no prolongamento dessa redescoberta romântica. Em 1862, ele publicou *La Sorcière* [A Bruxa], livro que muito contribuiu para tornar a despertar o interesse dos historiadores pela

“O espírito novo é de tal forma vencedor que se esquece de seus combates, digna-se apenas a se recordar, hoje, de sua vitória. Não seria inútil lembrá-lo da desgraça do princípio, as formas humildes e grosseiras, bárbaras, cruelmente cômicas, que ele perseguiu, quando uma mulher, a desafortunada bruxa, propiciou o seu elã popular. [...] Ela morreu, devia morrer. Como? Principalmente pelo progresso das ciências que ela mesma iniciou, pelo médico, pelo naturalista, para quem ela trabalhou. A Bruxa morreu para sempre, mas não a Fada. Ela ressurgirá sob essa forma que é imortal. A mulher, nos últimos séculos absorta com as questões dos homens, perdeu seu verdadeiro papel: o da medicação, da consolação, o da Fada que cura. [...] A Antinatureza empalideceu, e não está longe o dia em que seu afortunado eclipse permitirá ao mundo uma aurora.”

Jules Michelet,
La Sorcière

demonologia e o episódio da caça aos bruxos. Ele descreve uma Idade Média escura e demoníaca, totalmente dominada por Satã, na qual a bruxa se apresenta como o arquétipo da mulher revoltada e oprimida pela Igreja, mãe da ciência moderna por seu conhecimento da natureza, do corpo e da medicina. Essa visão generosa, mas anticonformista, da bruxaria não encontrou eco nas pesquisas conduzidas ulteriormente.

Mesmo que a bruxaria represente um dos temas mais fecundos e mais controversos da pesquisa histórica, o seu significado permanece enigmático para nós. As pesquisas recentes desenvolvidas pela antropologia, isto é, apoiadas nas sociedades contemporâneas, podem nos ajudar a esclarecer certos mistérios em que a análise de documentos antigos nem sempre permite penetrar.

TESTEMUNHOS E DOCUMENTOS

Relatos fantásticos ou testemunhos vividos, os originais mais dramáticos dos grandes processos da história ou relações circunstanciadas de obscuros tribunais rurais, receitas mágicas no cerne do saber tradicional ou sortilégios maléficos, a bruxaria tem suas cartas de infâmia e suas cartas de nobreza.

Um caso de bruxaria

O caminho que leva do boato à fogueira é tão inelutável quanto absurdo. Por toda parte, o esquema se repete: uma mulher que tem "má reputação", a palavra fatal um dia pronunciada; o pânico - mais tarde será chamado de psicose - que se apodera da vizinhança; a máquina judiciária o acompanha. Eis uma história banal, comum neste fim do século XVII, que, como tantas outras, acaba nas chamas.

Nos últimos dias de maio de 1679, em Bouvignies, pequena cidade das Ardennes, os sinos dobram para Péronne Goguillon, acusada de ser uma bruxa.

Três semanas, dia por dia, se passaram desde o incidente que designou Péronne à vindita de seus concidadãos e de seus juízes. Três semanas em maio, marcadas por momentos importantes como a Ascensão e Pentecostes, assim como os ritos da fertilidade. O calvário da bruxa começa na segunda-feira, 8 de maio de 1679, dia da procissão das Rogações. Enquanto em Douai os habitantes da paróquia de Saint-Jacques seguem um dragão dourado, conduzido na ponta de uma vara comprida, os camponeses das redondezas, inclusive de Bouvignies, se contentam em fazer, ritualmente, o percurso de seu território atrás de um padre, para assegurar a prosperidade das colheitas. Mas, nesse ano, o inverno não teve fim. E a história de Péronne assume uma dimensão suplementar se a associamos com as inquietações

Bruxa queimada em Beauce, segundo um manuscrito do século XVI.

"Essa cabana miserável, úmida, mal vedada, em que o vento de inverno assobia (...) em certos cantos obscuros em que a mulher abriga seus sonhos." Jules Michelet, *La Sorcière.*

agrícolas legítimas dos aldeões. As cinzas dessa bruxa, de carne e osso, não têm a responsabilidade de despertar a terra adormecida por um tempo excessivo? Assim como o lançamento de velhas ossadas na fogueira de Saint-Jean, em Arras ou na Picardia, serve para expulsar o mal e garantir a boa safra. Sem a precisão fria dos documentos judiciários, o drama vivido por Péronne assumiria o aspecto irreal de uma cerimônia sazonal.

Os quatro cavaleiros do Apocalipse

Cada aldeia do Norte queima, de fato, um bruxo na festa de Saint-Jean. Mas trata-se de um manequim. Dessa vez, o bode expiatório tradicional não é nem de madeira nem de palha!

Semelhantes aos Quatro Cavaleiros do Apocalipse de Dürer, quatro soldados da guarnição de Marchiennes levam a morte e o medo a Bouvignies, desencadeando uma violenta epidemia de perseguição de bruxas. Péronne Goguillon, a primeira vítima, mora justamente ao sul da aldeia, não longe das habitações subordinadas a Marchiennes, nas quais moravam os quatro cavaleiros. Por volta das oito ou nove horas da noite, em 8 de maio, esses cavaleiros a procuraram exigindo que lhes desse dinheiro. Sem dúvida, conheciam sua má reputação através das conversas de camponeses da região, e quiseram aproveitar a atmosfera mágica que envolve o dia das Rogações para se divertir à custa de uma aldeã e ter as despesas da noite no cabaré pagas. Várias testemunhas os viram partir com ela na direção da igreja e da praça de Bouvignies. Denis Vendeville, o criado do moleiro, segue-os e os escuta exigir oito *patagons*, isto

OCTAVE LACOUR Sc

A detenção de uma bruxa (aqui, na Inglaterra do século XVII) coloca em cena, sempre e em todos os lugares, os mesmos protagonistas: juízes civis, aldeões denunciadores, eventualmente uma vítima.

é, oito escudos, enquanto Péronne, para escapar, oferece quatro. Entram todos no cabaré de Gilles Fauveau, na praça. Um dos soldados a segura pelo punho e lhe repete várias vezes: Bruxa, sua bruxa! Seus camaradas reforçam e, depois, a obrigam a se sentar com eles exclamando uns para os outros: Toma cuidado para ela não sair voando pela chaminé! Mais animado que os outros, um deles acrescenta: Beba a mim, bruxa! Vou beijar a bruxa! Faz menção de beijá-la e de tocar as suas partes íntimas por baixo de suas roupas. Ele a força a beber um copo de cerveja, ainda que ela diga que não está com sede. Um outro cavaleiro se dirige à infeliz: Você devia ter vergonha de tanta gente achá-la uma bruxa. Recebemos dois escudos, nos dê mais seis, depois deixaremos que se vá. Um terceiro, pondo dois escudos na mesa, diz, fazendo o sinal-da-cruz: Aqui está o dinheiro da bruxa!

Péronne Goguillon nega e tenta escapar. Suplica que a deixem ir para casa, pois, assim, poderá pedir o dinheiro emprestado a seus vizinhos. Mas os cavaleiros não querem soltar a sua presa para que escape na noite escura. Péronne tenta em vão que o taberneiro lhe empreste. Em seguida, seus torturadores a levam de volta para casa, onde pegam uma vaca no estábulo e se dirigem a outra taberna próxima. Lá, Jérôme Josveneau, o moleiro da cidade, aceita emprestar seis *patagons* à bruxa, com a condição de que deixe a vaca como garantia até o domingo seguinte. O moleiro manda chamar Andrieu Dufosset, marido de Péronne, e lhe dá o dinheiro, que Andrieu passa aos soldados. [...]

Os militares têm o hábito de fazer esse tipo de cobrança. As tropas amigas geralmente são tão temidas quanto as inimigas. Os velhos soldados sem escrúpulos extorquem a população. [...]

A máquina judiciária é posta em funcionamento

Péronne e seu marido teriam feito melhor se tratassem em silêncio as feridas à sua reputação. Visto que os militares se sentem apoiados por uma parte da opinião pública local, um dos cavaleiros que mora na casa de Michel Fontenier propõe a Péronne, que nega ser bruxa, de entregar seu corpo prisioneiro. Ele quer dizer que aceita sustentar contra ela um processo criminal, sancionado pela lei de talião para o perdedor. Ora, o procedimento exige que as duas partes sejam encarceradas até a conclusão do caso. Mas para lavar a injúria atroz feita à sua mulher, e, portanto, a ele próprio e

a toda a sua família, Andrieu Dufosset teve a idéia infeliz de apresentar perante o tribunal dos homens do feudo do baronato de Bouvignies uma queixa com todas as formalidades prescritas pela lei. No mesmo dia, a instrução criminal foi aberta, para inquirição das quatro testemunhas. A pesada máquina judiciária é posta em ação. Nada mais pode detê-la, mas deixará os trituradores escaparem e esmagará sua vítima.

Os soldados são presos logo após a queixa de Dufosset. Em seguida, em 11 de maio, Michel Fontenier, lavrador em Marchiennes, se apresenta perante os juízes de Bouvignies. Acha que tem relação com o caso, pois hospeda um dos acusados, que parece ter agido instigado por ele. Para conseguir sua liberação e dos seus três camaradas, Fontenier toma o partido contra Péronne Goguillon: em outras palavras, sustenta contra ela a acusação de bruxaria [...]

Ora, a bruxa, decididamente disposta a confidências, denunciou em 24 de maio a sua prima Jeanne Goguillon e Jean Bachy, filho de Maurand. Em 26 de maio, os homens do feudo pedem detalhes, depois da injunção do povo de Douai. Ela mantém suas acusações e acrescenta quatro nomes à sua lista: Marie-Anne Ducrocquet, viúva de Antoine Couplet e censatária em Quelaines, província de Marchiennes, e mais três habitantes de Flines, Andrieu Fischel, Philippote Fischel, viúva, e Madeleine, filha de Jean Truan. Confrontada com eles, em 27 e 28 de maio, Péronne reitera suas declarações, enquanto os infelizes negam. [...] Péronne denuncia sua filha mais velha, Marie-Anne, em data indeterminada. Mas o desfecho se aproxima. Em 28 de maio, Péronne Goguillon se apresenta uma última vez, mantém sua confissão e as denúncias e fica sabendo que vai morrer. Nunca se saberá se ela esperava ser agraciada ao aceitar docilmente reconhecer seus crimes.

O julgamento do fogo

Na segunda-feira, 29 de maio, oito dias depois de Pentecostes, Péronne sai, por fim, da prisão, para ser conduzida com grande pompa, pelos 24 homens do feudo do baronato, ao pelourinho da aldeia. Ali, o escrivão Delerue proclama a sentença diante de todo o povo. A condenada recebeu, durante sua última noite, a assistência de capuchinhos de Orchies, que foram escutar sua confissão e expressar tudo que fosse adequado e útil para a salvação de sua alma, antes de reconfortá-la a caminho do suplício. Os juízes escolheram queimá-la só pela metade, para exporem seus restos e, desse modo, arraigar mais ainda no espírito da população a lembrança de seus crimes extraordinários. Jean Dubarre, um dos que Péronne havia enfeitiçado, também uma das testemunhas de acusação, entrega por trinta dinheiros a roda em que é exposto o seu cadáver.

Esses restos calcinados, sem dúvida transportados à justiça do lugar, próximo à orla da floresta, em direção a Flines, testemunham a violência da explosão de ódio e medo desencadeada pelos quatro cavaleiros de Marchiennes. Mas os traços do terror não se encerram. Outras fogueiras se preparam no ano de 1679 em Bouvignies.

Robert Muchembled,
Les Derniers bûchers,
Ramsay, Paris

Falam os demonólogos

O imaginário demoníaco, violento, preciso, não é fruto da imaginação e credulidade populares. As crenças que constituem o corpus *da bruxaria demoníaca se apóiam nas declarações oficiais, as dos demonólogos. Na virada dos séculos XV e XVI, os juízes Sprenger e Boguet figuram entre os "mestres do pensamento" da demonologia.*

Henri Boguet relata as circunstâncias de um caso de bruxaria, a fim de desmontar seus mecanismos para uso dos juízes inquisidores.

Louise Maillat, de oito anos, é possuída por cinco demônios, e Françoise Secretain é presa

No sábado, cinco de junho do ano de mil quinhentos e noventa e oito, Louise, filha de Claude Maillat e de Humberte du Perchy de Coirières, de oito anos de idade, ficou impotente de todos os seus membros, embora fosse obrigada a andar de quatro e, além disso, torcia a cabeça de uma maneira muito estranha. Esse mal persistiu durante alguns dias, até dezenove de julho seguinte, quando seu pai e sua mãe, que avaliaram o seu comportamento como ela estando possuída, a fizeram ser exorcizada na igreja Saint-Sauveur.

Ali, foram descobertos cinco demônios de nome lobo, gato, cachorro, bonito e Grifo, e como o

DISCOVRS

EXECRABLE

DES SORCIERS.

Ensemble leur Procez; faits depuis 2. ans en çà, en diuers endroicts de la France.

padre perguntasse à garota quem havia lhe passado esse mal, ela respondeu que havia sido Françoise Secretain, também chamada de Françoise de Coirières, de idade aproximada de cinqüenta e oito anos, a quem apontou com o dedo no meio dos que assistiam ao seu exorcismo.

A jovem, portanto, ao ser levada de volta para a casa de seus pais, pediu-lhes que rezassem por ela, expressou que, se eles orassem, ela logo estaria liberta.

Isso aconteceu um pouco depois da noite cair. Depois de seus pais terem feitos as orações, a jovem lhes disse que dois demônios estavam mortos e que se continuassem a rezar, aconteceria o mesmo com os três que restavam. Seu pai e sua mãe, preocupados com a saúde da filha, não pararam de rezar a noite inteira. Na manhã seguinte, ao alvorecer, a jovem estava pior que antes e arrotava sem parar; mas, por fim, quando se curvou para o chão, os demônios saíram pela boca, na forma de uma bola do tamanho de um punho e vermelha como fogo, menos o gato, que era preto. Os dois que a jovem achou que estavam mortos foram os últimos a sair, e com menos violência do que os outros três, pois haviam dissimulado seus esforços desde o começo, fazendo-a acreditar que estavam mortos, o que é verossímil. Todos os demônios, já fora dela, deram três ou quatro voltas ao redor do fogo, depois desapareceram. A partir de então, a jovem começou a se comportar melhor. Vê-se o quanto foram úteis os exorcismos do ministro de Deus, acompanhados das preces dos pais dessa pobre criança.

De resto, Françoise Secretain, na noite do quarto dia de junho, esteve na casa do pai e da mãe de Louise Maillat pedindo que a hospedassem pela noite seguinte, o que Humberte recusou imediatamente na ausência do marido; entretanto, acabou sentindo-se forçada, diante da impertinência de Françoise, a lhe dar pousada. Françoise, sendo recebida na casa, Humberte foi cuidar do gado. A velha aproximou-se de Louise e de duas de suas irmãs mais novas, que se aqueciam, e ofereceu-lhe uma casca de pão semelhante a estrume e a convenceu a comê-la, pedindo-lhe expressamente para não contar nada, pois senão a mataria e a comeria (as palavras são suas). A garota, no dia seguinte, se mostrou possuída. A mãe depôs em juízo sobre a recusa a hospedar Françoise Secretain. Depois, o pai e a mãe depuseram juntos sobre a doença de sua filha, que a confirmou e também depôs contando o resto. E embora fosse muito jovem, o seu discurso foi tão seguro que deu a impressão de ter de trinta a quarenta anos. A justiça, informada com segurança do que tinha acontecido, mandou deter e aprisionar Françoise Secretain.

Os meios de que se serviram para extrair a verdade de Françoise Secretain

Françoise Secretain permaneceu três dias na prisão sem querer confessar nada, dizendo que era inocente do crime de que a acusavam e que não tinham nenhum motivo para detê-la. Vendo-a, se diria que era a melhor mulher do mundo, pois falava o tempo todo de Deus e da Virgem Maria, dos santos e santas do Paraíso, e segurava um rosário comprido que fingia recitar continuamente. É verdade que não tinha crucifixo, pelo menos que estivesse inteiro nesse terço. Do que se concluiu um indício contra ela.

Por outro lado, observamos que, quando a interrogavam, embora ela se esforçasse para chorar, não conseguia derramar sequer uma lágrima, o que levou a que fosse vigiada mais escrupulosamente e que recebesse algumas ameaças. No dia seguinte, foi pressionada a dizer a verdade; no entanto, nada se conseguiu.

Assim, foi decidido que seria melhor cortar seus cabelos e mudar sua roupa, verificando se ela não estava marcada.

Seguindo esse conselho, ela foi despida. Mas não se percebeu nenhuma marca. Chegou a vez de cortar seu cabelo; ela se dispôs de bom grado, de tão segura que estava. Entretanto, nem bem se começou a cortá-lo, mostrou-se perturbada: seu corpo todo se pôs a tremer e confessou imediatamente, acrescentando, a cada dia, informações às suas primeiras confissões.

Henry Boguet,
Discours exécrable des sorciers,
Le Sycomore, Paris

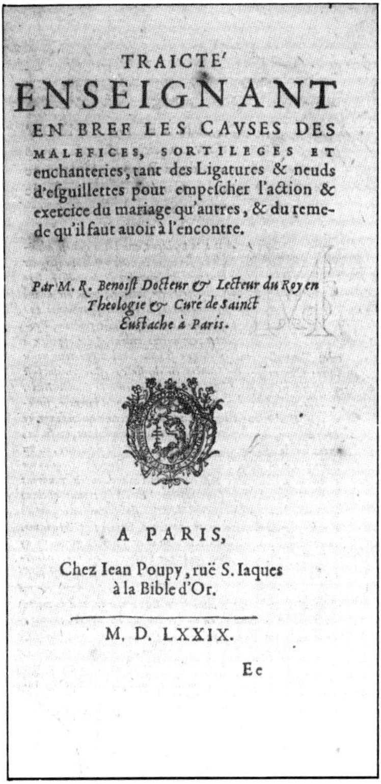

TRAICTE'
ENSEIGNANT
EN BREF LES CAVSES DES MALEFICES, SORTILEGES ET enchanteries, tant des Ligatures & neuds d'esguillettes pour empescher l'action & exercice du mariage qu'autres, & du remede qu'il faut auoir à l'encontre.

Par M. R. Benoist Docteur & Lecteur du Roy en Theologie & Curé de Sainct Eustache à Paris.

A PARIS,
Chez Iean Poupy, ruë S. Iaques à la Bible d'Or.

M. D. LXXIX.

Ee

Em sua obra, Boguet enumera a maneira sistemática e circunstanciada das características dos bruxos.

O granizo cai facilmente onde os bruxos querem porque, como o poder de Satã é grande no ar, o maligno conduz a nuvem densa aonde bem entende, ainda que Deus nem sempre permita que isso seja feito. [...]

O pó dos bruxos

Esse pó ora é preto, ora é branco, ora é de outra cor. Jacques Boguet e Françoise Secretain, para matarem Loys Monneret, lhe fizeram comer uma casca de pão polvilhado de um pó branco que haviam recebido de seu mestre. Thievenne Paget, desejando se vingar de Claude Roy, misturou o pó em um queijo que lhe deu para comer; ele morreu na hora.

Ungüentos e unção dos bruxos

Os bruxos têm ungüentos que são compostos por eles próprios, a menos que os recebam de Satã. São de vários tipos. Eles friccionam o corpo com esses ungüentos quando vão ao sabá ou quando se transformam em lobos. Mas creio que não provocam outro efeito se não o de entorpecer os sentidos e adormecer os bruxos para que Satã desfrute deles mais à vontade.

Os bruxos matam com o seu alento e hálito

Os bruxos matam e prejudicam por meio de sua respiração e hálito. Encontramos um exemplo em Claude Gaillard, chamada Flibolette, pois tendo respirado em Claude Perrier, com quem se encontrou na igreja d'Ebouchoux, logo depois ele caiu doente, ficou impotente e, por fim, morreu, após ter definhado durante um ano, levando uma vida na miséria.

Os bruxos fazem mal com palavras

Os bruxos prejudicam e causam mal por palavras: Nider conta que viu uma bruxa que, com uma única palavra, fazia as pessoas morrerem subitamente. Também diz que viu uma outra que, de maneira semelhante, fez o queixo de sua vizinha virar de cima para baixo.

Os bruxos insultam com o olhar

Em quinto lugar, os bruxos ofendem as pessoas com o olhar. Sprenger observa que o número de vítimas é maior entre as crianças do que entre os adultos; acrescenta que os bruxos corrompem e enternecem os juízes só com o olhar. O gado também sofre esse infortúnio.

Como os bruxos prejudicam com a mão

Em sexto, os bruxos prejudicam com o toque. Os inquisidores, por causa disso, não querem que o juiz se deixe tocar com a mão ou o braço descoberto do bruxo, já que, assim, ele tomará o partido daquele que é acusado. Vi uma bruxa que fez mal a um homem puxando-o três vezes por sua roupa.

Como os bruxos fazem mal com uma vara

Os bruxos, em sétimo lugar, fazem mal batendo com uma varinha. Françoise Secretain e Thievenne Paget confessaram que haviam matado vários animais, vacas e jumentos, batendo-os com uma varinha e pronunciando algumas palavras. [...]

De que doenças os bruxos afligem, em particular, as pessoas

Eis as doenças que os bruxos afligem particularmente as pessoas. Em suma, todos os tipos de doenças: do estômago, da cabeça, dos pés, cólica, paralisia, apoplexia, lepra, epilepsia, inchação, etc. [...]

A bula apostólica de 5 de dezembro de 1484, promulgada pelo papa Inocêncio VIII e conhecida com o nome de Summis desiderantes affectibus, *é considerada a carta constitutiva da caça aos bruxos.*

Bula apostólica contra a heresia das bruxas

Inocêncio, bispo, servidor dos servidores de Deus, em perpétua memória da coisa: Desejando de todo coração, como requer a solicitude da Nossa Missão Pastoral, que a fé aumente e se propague por toda parte e acima de tudo no nosso tempo, e que toda perversão herege seja expulsa para longe das fronteiras dos fiéis, manifestamos de bom grado o nosso pio e santo desejo e concedemos de novo os meios de pô-lo em execução. [...]

De fato, recentemente, ficamos sabendo, não sem nos causar grande sofrimento, que, em algumas regiões da Germânia superior, assim como nas províncias, cidades, territórios, distritos e dioceses de Mayence, Colônia, Trèves, Salsbourg e Bremen, muitas pessoas dos dois sexos, descuidando de sua própria salvação e se afastando da fé católica, se entregaram aos demônios íncubos e súcubos: por encantamentos, sortilégios, conjurações e outras infâmias supersticiosas e de excessos mágicos, e fazem definhar, asfixiar e perecer a prole das mulheres, a ninhada dos animais, as colheitas, as uvas das vinhas e os frutos das árvores. Assim como os próprios homens, as mulheres, o gado miúdo e grosso e animais de toda espécie, os vinhedos, pomares, campinas, pastos, cereais, grãos e plantas leguminosas.

Atormentam e torturam os homens, as mulheres, os animais de carga, o gado grosso e miúdo, com males e tormentos cruéis, internos e externos. Impedem esses mesmos homens de fecundar, essas mesmas mulheres de conceber; os maridos e esposas de cumprirem os atos conjugais. E a própria fé, que receberam no batismo, é renegada sacrilegamente. Não temem repetir e perpetrar vários outros crimes e excesso de infâmias, instigadas pelo

inimigo do gênero humano, colocando em perigo suas almas, insultando a majestade divina e escandalizando com um exemplo pernicioso para muitos.

Ainda que nossos prezados filhos - *Henry Institoris e Jacques Sprenger* -, da Ordem dos Dominicanos e professores de teologia, fossem e permaneçam sendo delegados pela carta apostólica como Inquisidores da perversão herege - *Henry* para a região supracitada da Germânia superior onde se localizam as províncias, cidades, distritos, dioceses e outras localidades mencionadas acima; *Jacques* para alguns territórios do rio Rhin -, mais de um clérigo e de um leigo dessas regiões, tentando saber mais do que deviam, argumentando que nas nossas cartas de delegação nem as províncias, cidades, dioceses, distritos e outras localidades, nem os próprios delegados nem os excessos visados eram indicados e especificados pelo nome, (eles) não se acanham em afirmar obstinadamente que tais excessos não existem em suas regiões e, portanto, que não é lícito nossos delegados preencherem o ministério da Inquisição nas províncias, cidades, dioceses, distritos e outras localidades, e que não devem ser autorizados a punir, encarcerar e corrigir as pessoas em questão pelos excessos e crimes supracitados. Por isso, nessas províncias, cidades, dioceses, distritos e localidades, os excessos e crimes desse gênero permanecem impunes, não sem perigo evidente para as almas e risco de sua perdição eterna.

Nós, portanto, desejando, como cabe ao Nosso Cargo, afastar do caminho todos os obstáculos, quaisquer que sejam, que possam retardar de alguma maneira o exercício da incumbência dos Inquisidores e prover, com remédios oportunos, que a mancha da perversão herege e outro excesso do gênero não espalhem seu veneno para a perda de outros inocentes: o zelo da fé nos impulsionando ao ponto mais elevado, para não vermos as províncias, cidades, dioceses, distritos e localidades supracitadas da Germânia superior carecerem do necessário ministério da Inquisição: em virtude de Nossa Autoridade Apostólica pelas presentes (cartas), estabelecemos que é lícito aos mesmos Inquisidores exercer o ministério da Inquisição, e que se deve aceitá-los para a correção, encarceramento e punição das pessoas acusadas dos excessos e crimes supracitados; exatamente em tudo e por tudo, como nas nossas cartas precitadas, as províncias, cidades, dioceses, distritos e localidades, assim como pessoas e excessos dessa espécie foram particularmente especificados. [...]

Além disso, em nome da mesma Autoridade, nós lhe concedemos a liberdade total de propor e pregar a Palavra de Deus ao povo fiel em todas as igrejas paroquiais dessas províncias, sempre que for oportuna e que lhes pareça adequado, assim como desempenhar suas funções livre e licitamente nos mesmos lugares e executar todas as outras medidas que, nesse domínio, lhes parecerem necessárias e oportunas. [...]

Apresentada em Roma, em São Pedro, no ano de mil quatrocentos e oitenta e quatro da Encarnação do Senhor, em 5 de dezembro, do nosso primeiro pontificado.

O sabá

No corpus *de crenças da demonologia, o sabá constitui uma das peças mestras. Todos os interrogatórios dos Inquisidores levam a ele; todas as confissões de bruxas passam por ele. Missa às avessas, festa de Satã, horrível dança noturna à luz das chamas infernais. O sabá dá lugar a um imaginário eloqüente e a representações de uma precisão e realismo assombrosos.*

Os bruxos, estando, portanto, reunidos em sua sinagoga, adoram Satã, que aparece ou na forma de um homem grande e preto ou na forma de um bode, e, para lhe prestar uma homenagem mais gloriosa, oferecem-lhe velas que ardem chamas azuis, depois lhe beijam as partes pudendas traseiras; alguns o beijam no ombro.

É verdade que ela foi à dança

Pouco depois, dançam em círculo, costas contra costas. Os coxos vão mais naturalmente do que os outros, segundo Clauda Jamprost e Françoise Secretain, que diziam que os coxos incitavam os outros a saltar e a dançar. Mas ainda há demônios que assistem a essas danças na forma de bodes ou de carneiros, como reconheceram os já mencionados e muitos outros. Antoine Tornier confessou que enquanto ela dançava, um carneiro preto a segurava

pela mão com os pés que eram, como ela disse, bastante toscos e ásperos.

Não faltam oboés nessas folias, pois há aqueles que têm o dever de realizar a tarefa de menestréis. Satã, quase sempre, toca flauta. Às vezes, os bruxos se contentam com cantar, mas de uma maneira tão confusa que não entendem uns aos outros. Algumas raras vezes dançam dois a dois, às vezes separados, e sempre em grande confusão.

Quando a dança se encerra, os bruxos copulam. O filho não poupa a mãe, nem o irmão a irmã, nem o pai a filha: o incesto é comum. E sendo assim, os persas achavam que para ser um bom bruxo e mágico era preciso nascer da mãe e do filho.

Prazeres originais

Imagino que exerçam todos os outros tipos de lubricidade do mundo. Porém, o que é ainda mais estranho é o fato de Satã ser íncubo para as mulheres e súcubo para os homens. Georges Gandillon e Antoine Gandillon admitiram isso, e antes deles, Antoine Tornier, Jacquema Paget e vários outros.

Os bruxos, depois de chafurdarem nos prazeres imundos da carne, celebram um banquete e festejam. Os banquetes são compostos de várias espécies de alimentos, segundo os lugares e a qualidade das pessoas. A mesa é repleta de manteiga, queijo e carne. Clauda Jamguillaume, Jacquema Paget e alguns outros disseram que havia um grande caldeirão sobre o fogo, no qual todos pegavam a carne.

Também bebem água ou vinho. Antoine Tornier disse que havia vinho em um copo de madeira, os outros não falam de água.

Mas nunca havia sal. A razão é simples: o sal representa a imortalidade, do que o Diabo tem um ódio extremo. Deus pediu que coloquemos sal em todos os sacrifícios e oblações que Lhe fossem consagrados; é assim no batismo, um antídoto supremo contra o poder do Diabo. Podemos também acrescentar que,

A mais antiga menção conhecida do sabá remonta a 1330, data em que a Inquisição de Carcassonne condena uma bruxa por ter participado do sabá.

As danças do sabá podem ser interpretadas como uma reminiscência das antigas festas pagãs.

como o sal é uma marca de sabedoria, Deus, por um julgamento secreto, não permite que seja usado no sabá, a fim de provar aos bruxos que o que fazem não passa de pura loucura.

Outros também escreveram que não se servia pão, mas Christofle, da aldeia de Aranthon, relatou o contrário, e disse ter comido, no sabá, pão, carne e queijo.

Entretanto, todos os bruxos reconhecem que os alimentos que comem no sabá não têm gosto de nada e que a carne não é outra que não a de cavalo.

Quase todos acrescentam que, quando saem da mesa, estão com tanta fome quanto quando se sentaram para comer. Clauda Vuillat, da aldeia de Mirebeau, disse que o que se comia no sabá não passava de vento. Christofle de Aranthon disse também que lhe parecia não comer nada. O Diabo sempre se mostra um embusteiro, pois alimenta os seus de vento, ao invés de alimentos sólidos, como se eles fossem camaleões. Li que dois condes bruxos, seguindo o seu exemplo, tratavam seus hóspedes de tal modo que saíam sempre com fome dos festins. Todavia, convém acreditar que, na maioria das vezes, realmente se come no sabá.

Escravos de Satã

Encerrado o banquete, prestam contas a Satã do que fizeram desde a última assembléia: os mais apreciados são aqueles que mataram mais pessoas e animais, que transmitiram o maior número de doenças, que deterioraram mais frutas, em suma, que cometeram mais maldades e abominações. Os que se comportaram um pouco mais humanamente são vaiados e escarnecidos por todos, são isolados e, quase sempre, seu mestre lhes bate e maltrata, o que gerou o provérbio que goza de crédito entre eles: *Faça o pior que puder e o Diabo se encarregará de pedir mais.*

É assim que Satã se associa com seus sequazes contra o céu e conspira para a ruína do gênero humano: faz com que esses miseráveis renunciem a Deus, ao crisma e ao batismo; faz com que renovem o juramento solene que fizeram de nunca falar de Deus, da Virgem Maria nem dos santos e santas, se não for por escárnio e mofa; faz com que abandonem sua parte do paraíso; faz com que prometam que ele será o seu único mestre e que lhe serão fiéis para sempre; em seguida, os exorta a fazer o máximo de mal que puderem, a prejudicar os seus vizinhos, a adoecê-los, a matar o seu gado, a se vingar dos inimigos, a estragar as frutas da terra, e lhes prepara o pó e a banha próprios para isso. Pelo menos é o que faz com que acreditem.

Também faz com que jurem solenemente que não acusarão uns aos outros, que não contarão nada do que se passa entre eles, como Jacquema Paget confessou, o que o levou a nada dizer contra Antoine Tornier. Os juízes devem ficar bem atentos.

Os bruxos, em sexto lugar, fazem chover granizo, mais adiante direi como.

A liturgia às avessas

Algumas vezes diz-se a missa ao contrário. Mas não consigo escrever sem horror a maneira como a

celebram, pois aquele que a oficia veste-se com uma casula preta sem crucifixo; depois de pôr água no cálice, vira as costas ao altar e ergue uma rodela de rábano preto como hóstia. Então, todos os bruxos gritam alto: "Mestre, ajude-nos."

O Diabo, para fazer a água benta, urina em um buraco no chão; aquele que oficia asperge os assistentes com a urina, com um hissope preto.

Finalmente, Satã, assumindo o aspecto de um bode, se consome em fogo e se reduz a cinzas, que os bruxos recolhem e escondem, para servir à execução de seus projetos perniciosos e abomináveis.

Antes de encerrar este capítulo, gostaria que observassem que o Diabo imita os bem-aventurados em tudo. Pois por que se faria adorar senão para imitá-lo? E essas danças não são uma imitação dos antigos hebreus que pulavam em sinal de alegria cada vez que ofereciam alguma coisa a Deus, ou o exaltavam? Como está escrito de Davi, quando tocava harpa diante da Arca do Antigo Testamento. E essa serpente desgraçada não se consome e se reduz a cinzas no sabá, a exemplo de Jesus Cristo na última ceia que preparou a seus apóstolos, quando lhes deu seu corpo para comerem e seu sangue para beberem? Omito o que se relaciona ao sacrifício abominável que fazem, pois meu cabelo fica em pé quando penso nisso. E, na verdade, não o teria mencionado se não fosse um argumento forte que podemos utilizar para sustentar a realidade do corpo e sangue de Jesus Cristo no santo sacrifício no altar. Pois, se fosse uma ilusão, o Diabo nunca faria nada que desrespeitasse a missa, a fim de nos deixar cair numa idolatria perpétua. Faz o mesmo no que concerne às santas relíquias que veneramos. Pois, escarnecendo delas, faz com que suas partes mais pudendas sejam beijadas por seus sequazes.

Henry Boguet,
Discours exécrable des sorciers,
Le Sycomore, Paris

A visão romântica

A releitura romântica da bruxaria passa, inevitavelmente, por Michelet. Este torna a bruxa o protótipo da mulher revoltada contra uma sociedade que a oprimia. Nenhum historiador, atualmente, adota essa tese. O que não impede que o texto desse "visionário alucinante" tenha conservado sua força e poder de evocação.

Para Michelet, a bruxa é uma heroína de tragédia, uma mulher reverenciada e perseguida ao mesmo tempo.

No capítulo VI de La Sorcière *(1862), Michelet descreve a pobre camponesa transfigurada pelo pacto que firmou com Satã, em que ele a investe de seus poderes malignos.*

O PACTO

[...] Só faltava a vítima. Sabiam que o presente mais adorável que poderiam fazer seria levá-la. Ela tinha reconhecido, com ternura, o desvelo daquele que lhe havia concedido o amor, libertado esse triste corpo cheio de sangue.

Mas a presa pressentiu o caçador: alguns minutos depois, teria sido levada, para sempre selada sob a pedra. Cobriu-se com um trapo que estava no estábulo, pôs as asas, por assim dizer, e, antes da meia-noite, estava a léguas de distância, longe das estradas, na charneca abandonada, que não passava de cardos e sarças. Situava-se na orla de um bosque, onde, sob uma lua ambígua, ela pôde colher glandes que devorou como uma fera. Séculos haviam se passado desde a véspera; ela tinha se metamorfoseado. A bela, a rainha da aldeia não existia mais; a sua alma transformada, mudava também as suas atitudes. Ela era como um javali sobre essas glandes, ou como um macaco, agachada. Atravessavam-lhe pensamentos em nada humanos, quando escutou um miado de coruja, depois, uma gargalhada aguda. Sentiu medo, mas talvez fosse o gaio gozador que imita todas as vozes; são seus truques de sempre.

A gargalhada recomeça. De onde vem? Ela nada vê. Diríamos que provém de um carvalho velho.

Mas ela ouve distintamente:

"Ah! aí está você, finalmente... Você não veio de boa vontade. E não teria vindo se não tivesse descoberto o fundo de sua necessidade última... Precisou, orgulhosa, ser pressionada a vir, gritar e pedir misericórdia, desprezada, perdida, sem abrigo, rejeitada por seu marido. Onde estaria se, naquela noite, eu não tivesse tido a caridade de fazê-la ver o *calabouço* que lhe preparavam?... É tarde, muito tarde você vem a mim, e quando a chamaram de *a velha*... Jovem, não me tratou bem, eu, o seu diabrete, tão solícito... É a sua vez (se eu a quiser) de me servir e beijar meus pés.

"Você foi minha desde que nasceu por sua malícia contida, por seu fascínio diabólico. Eu era seu amante, seu marido. O seu lhe bateu a porta. Eu não lhe fecho a minha. Eu a recebo em meus domínios, minhas campinas, minhas florestas... O que ganho com isso? Já não a desejo há algum tempo? Não a invadi, possuí, enchi com a minha chama? Mudei, substituí o seu sangue. Não há veia em seu corpo pela qual eu não circule. Nem você mesma imagina até que ponto é minha esposa. Mas as nossas núpcias ainda não cumpriram todas as formalidades. Tenho princípios, tenho escrúpulos... Sejamos um por toda a eternidade!"

"Senhor, no estado em que me encontro, o que posso dizer? Oh! eu senti, e como senti!, que há muito tempo o senhor é o meu destino. Acariciou-me maliciosamente, me satisfez, me enriqueceu, a fim de me precipitar... Ontem, quando o galgo negro mordeu minha pobre nudez, o seu dente queimava... eu disse: É ele.

"À noite, quando essa Herodíades maculou, assombrou a mesa, alguém mediou para que prometessem o meu sangue... O senhor."

"Sim, mas fui eu que a salvei e a fiz vir até aqui. Fiz tudo, adivinhou. Eu a corrompi. E por quê? Porque não gosto de dividir nada com ninguém. Francamente, o seu marido me aborrecia. Você trapaceava, regateava. O meu procedimento é completamente diferente. É tudo ou nada. Por isso a trabalhei um pouco, a disciplinei, coloquei no ponto, madura para mim... Pois tal é minha delicadeza. Eu não tomo, como se crê, tantas almas tolas que se entregariam. Quero almas eleitas, em um determinado estado ávido de furor e desespero... Não posso deixar de lhe dizer que tal como você é hoje, me agrada; se tornou mais bela; é uma alma atraente... Oh! há quanto tempo a amo!... Mas hoje tenho fome de você...

"Farei tudo com generosidade. Não sou desses maridos que regateia com a sua mulher. Se quer ser rica, será neste mesmo instante. Se o seu único desejo é ser rainha, Jeanne de Navarre, apesar de a admirarmos, será substituída e o rei não perderá nada em orgulho, em maldade! É mais grandioso ser a minha mulher. Mas enfim, diga o que quer."

"Senhor, nada a não ser fazer o mal."

"Encantadora, resposta encantadora!... Oh, como tenho razão em amá-la!... De fato, isso contém tudo, toda a lei e todos os profetas... Como escolheu tão bem, receberá, também, todo o resto. Terá todos os meus segredos. Verá no fundo da terra. O mundo virá a você, e porá ouro aos seus pés... Aqui está o verdadeiro diamante, minha esposa, que lhe ofereço, a *vingança*... Eu a conheço, sua marota, conheço o seu desejo mais oculto... Oh! como os nossos corações se compreendem... É aí que terei sua posse definitiva. *Verá a sua inimiga ajoelhada à sua frente,* pedindo misericórdia e rezando, aliviada se ficarem quites, você fazendo o que ela lhe fez. Ela chorará... Você, afável, lhe dirá: *Não.* E a verá gritar: Morte e danação!... Então, farei minha parte."

"Senhor, sou sua serva... fui ingrata, é verdade. Pois sempre me satisfez. Eu lhe pertenço, ó meu mestre! ó meu deus! Não quero mais nada. Doce é o seu prazer. É bom servi-lo."

Então ela cai de quatro, o adora!... Primeiro, lhe presta homenagem nas formas do Templo, que simboliza o total abandono de sua vontade! Seu mestre, o Príncipe do mundo, o Príncipe dos ventos, lhe sopra, por sua vez, como um espírito impetuoso. Ela recebe, simultaneamente, três sacramentos às avessas - batismo, sacerdócio e casamento. Nessa nova Igreja, exatamente o inverso da outra, tudo deve ser feito ao contrário. Submissa, paciente, suportou a iniciação cruel, sustentada por esta palavra: "Vingança!"

Em vez de a fúria infernal consumi-la, a tornou lânguida, e ergueu-se temível, os olhos faiscando. A lua que, castamente, por um momento encobriu-se, sentiu medo ao revê-la. Assustadoramente inflada do vapor infernal, do fogo, do furor e (uma novidade) de não sei que desejo, tornou-se, por um momento, enorme, por esse excesso de plenitude e de uma beleza medonha. Ela olhou em volta... e a natureza tinha mudado. As árvores tinham língua, contavam coisas passadas, as plantas eram simples. Essas plantas que ontem ela desdenhava como feno, agora eram pessoas que conversavam de medicina.

Despertou no dia seguinte em segurança, longe, bem longe de seus inimigos. Tinham-na procurado. Só encontraram trapos espalhados do vestido verde fatal. Teria ela, de

desespero, se lançado na torrente? Teria sido levada viva pelo demônio? Não se sabia. Em qualquer uma das duas possibilidades, teria inevitavelmente se danado. Grande consolo para a mulher não tê-la encontrado.

Se a tivessem visto, custariam a reconhecê-la, de tanto que havia mudado. Somente os olhos permaneciam, não brilhantes, mas com um clarão muito estranho e pouco tranqüilizador. Ela mesma tinha medo de causar medo. Não os baixava. Olhava de lado; na obliqüidade do raio de luz, evitava habilmente o seu efeito. Trigueira de repente, se diria que havia passado por uma chama. Mas os que observavam melhor sentiam que essa chama estava nela, que ela carregava uma fornalha impura e ardendo dentro de si. A seta flamejante com que Satã a havia atravessado permanecia nela e, como através de uma lamparina

sinistra, lançava esse reflexo selvagem, ainda assim exercendo uma perigosa atração. Recuávamos, mas não nos afastávamos, e os sentidos ficavam perturbados.

Ela se viu na entrada de uma dessas cavernas de trogloditas, como encontramos tantas em algumas colinas do Centro e do Oeste. Eram províncias, então selvagens, entre a região de Merlin e de Mélusine. Charnecas a perder de vista testemunham ainda antigas guerras e devastações eternas, terrores que impediam a região de ser repovoada. Lá, o Diabo estava em casa. Dos raros habitantes, a maior parte era devota fervorosa. Por mais que se sentissem atraídos por ele, os austeros bosques densos da Lorraine, os pinhais obscuros do Jura, os desertos salgados de Burgos, suas preferências eram, talvez, pelas nossas províncias do Oeste.

Não se tratava apenas do pastor visionário, da conjunção satânica da cabra e do pastor de cabras, era uma conjuração mais profunda com a natureza, uma penetração maior dos remédios e venenos, relações misteriosas que desconhecemos a ligação com Tolède, a sábia, a universidade diabólica.

Começava o inverno. O seu sopro, que despia as árvores, havia amontoado as folhas, os ramos do bosque morto. Ela encontrou tudo isso pronto na entrada do triste abrigo. Por um bosque e uma charneca de um quarto de légua, descia-se a algumas aldeias que um curso de água havia criado. “Eis o seu reino”, lhe disse uma voz interior, “hoje, mendiga, amanhã reinará na região.”

Jules Michelet,
La Sorcière,
Julliard Littérature, 1964

Os diabos de Loudun

O caso da possessão de Loudun marcou, ao mesmo tempo, o apogeu da caça às bruxas na França, no século XVIII, e o começo da reação das elites intelectuais contra o abuso que acarretava. No outono de 1632, um convento de ursulinas inteiro é vítima de diversos "diabos" que provocam transes espetaculares nas religiosas. O confessor, Urbain Grandier, é acusado de bruxo.

Nessa carta, Urbain Grandier se dirige diretamente a Luís XIII: julgado por um tribunal de exceção, não há nenhum outro recurso possível para ele a não ser apelar para a pessoa de seu soberano.

Senhor,

Eis dois pontos que tentarei expor à Sua Majestade da maneira mais clara possível a um homem que está há sete meses nas trevas.

Quanto ao primeiro, digo que essas jovens não demonstrando nenhum dos sinais que a Igreja exige para atestar a possessão, concluo que não estejam possuídas.

O primeiro sinal é falar em diversas línguas, ou, pelo menos, entendê-las. Esses demônios não fazem nem uma coisa nem outra. No começo, falaram latim; mas cometiam erros tão grosseiros que os espíritos mais esclarecidos julgaram que não eram dessas inteligências que se perderam por saber demais. Os exorcistas preferiram fazê-las falar nossa língua,

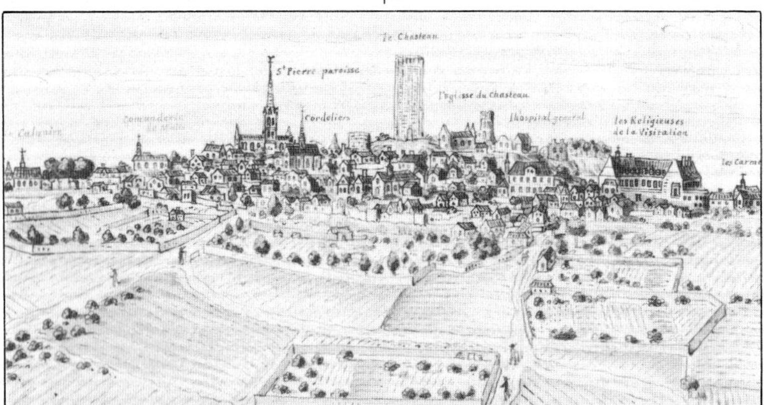

porque esta era a que eles falavam melhor e que lhes era mais natural; os demônios amam a França, pois querem falar francês. Mas para desculpar o silêncio desses diabos mudos, quando são interrogados em grego ou em bom latim apurado e que não é comum, dizem que é um pacto que fiz com eles. [...]

O segundo sinal, ou a segunda marca de possessão, é elevar no ar as criaturas possuídas, o que esses diabos não fazem, nem o farão nunca, por mais que lhes ordenemos.

Tampouco farão o terceiro, que é revelar as coisas ocultas e escondidas, distantes do sentido humano. Eles só sabem fazer caretas, deitar no chão, andar para trás, e outras pequenas tolices que tenho vergonha de dizer à Sua Majestade. De resto, se não consideramos essa possessão simulada, somos hereges.

No que se refere ao segundo ponto, mesmo que essas jovens estejam possuídas, eu não sou a causa da possessão. Demonstro do seguinte modo: só podemos supô-lo pelo testemunho do Diabo, que recuso como falsário; se os homens mentirosos e reconhecidos como tais não podem ser testemunhas, ainda com mais razão, o pai da mentira, que sente prazer em tornar culpado o inocente; que se dizemos que a força dos exorcismos pode coagi-los a dizer a verdade, pergunto se é sempre ou somente algumas vezes. [...]

Os exorcistas de Loudun propunham-se a extorquir por mandamento o testemunho desse inimigo figadal do gênero humano contra o meu interesse. E, o que é mais absurdo, usavam freqüentemente orações e parábolas, bajulações,

O juiz do Caso de Loudun.

chamando-o de generoso, sábio, amigo; e, em recompensa, diminuirão as penas impostas por sua rebelião; pouco faltou para que prometessem lhe tirar do lugar a que a justiça divina o relegou por uma eternidade de séculos. Mas permita-me, Senhor, que revele à Sua Majestade o seu procedimento mais detalhadamente, e perceberá que não foi correto e que escandalizou os hereges dessa cidade: pois permitiu-se aos diabos dizerem as palavras mais lascivas, as blasfêmias mais execráveis, contra Deus e a Virgem, que jamais se escutou. [...]

E suplico, muito humildemente, que Sua Majestade observe que os diabos eruditos são os diabos da superiora; pois todos os outros são ignorantes, segundo a confissão do recoleto, que repete isso a toda hora. [...]

Peço à Sua Majestade apenas que delegue dois doutores da Sorbonne para julgar a verdade da possessão, e juízes para examinar ponderadamente o meu caso. Se sou culpado, só peço as rodas e os suplícios mais cruéis. Se sou inocente, é razoável que minha inocência transpareça. Nosso Senhor não me deixará na necessidade mais urgente. Ele extrai luz das trevas, poderá extrair a verdade do fundo de um poço em que um filósofo a pôs. Pelo menos me restará esse consolo que, independente de se morro ou vivo, serei na morte e na vida.

Senhor,

De Sua Majestade o muito humilde, obediente, fiel e aflito servidor e súdito.

Urbain Grandier

Michel Carmona,
Les Diables de Loudun,
lettre d'Urbain Grandier
au roi Louis XIII,
Paris, 1988

Os processos verbais do caso de Loudun são depoimentos edificantes da psicose reinante.

O primeiro processo verbal data de 7 de outubro, o mais antigo dos relatos

Em nome da santa e venerada Trindade, Pai, Filho e Espírito Santo, nós, Pierre Barré, padre bacharel em teologia na Faculdade de Paris, Jean Mignon, padre, cônego da igreja de Loudun e confessor das religiosas de Santa Úrsula do mesmo lugar, Eusèbe de Saint-Michel e Pierre Thomas de Saint-Charles, padre orador, estando reunidos no convento das citadas religiosas, sob sua instrução e a seu pedido, nos informaram que, desde a noite de vinte e um para vinte e dois de setembro passado [1632], haviam sido atormentadas, até o terceiro dia deste mês (*outubro*), por espíritos malignos.

Um deles, à noite, apareceu, de uma às quatro horas, para a irmã Marthe, em forma de um eclesiástico, vestido com uma grande capa e sotaina, segurando um livro de capa de pergaminho branco e, o mantendo aberto, mostrou-lhe duas imagens e, depois de lhe discorrer sobre o mencionado livro, quis obrigá-la a pegá-lo. Como ela recusou, dizendo que jamais aceitaria um livro que não de sua superiora, o espectro calou-se e ficou algum tempo chorando aos pés de sua cama. Por fim, a jovem aterrorizada, e o espectro se pondo a dizer que estava sofrendo muito, que não podia rezar a Deus, que ela rezasse por ele, ela presumiu que talvez fosse a alma de alguém no purgatório, e lhe disse que informaria a sua superiora. Entretanto, não suportando mais a presença do espectro, chamou uma noviça que estava em outra cama próxima à sua; as duas se levantaram e, no mesmo instante não viu mais nada, a não ser que estando de joelhos durante uma hora, havia escutado uma voz do seu lado se lamentando. Ao soarem quatro horas, nada mais foi escutado nesse lugar.

Mas, no alojamento das religiosas professas, apareceu o mesmo espectro à madre superiora e sua segunda, dizendo a uma: "Reze a Deus por mim." E à outra: "Continue a rezar a Deus por mim."

L'OMBRE
D'VRBAIN GRANDIER
de Loudun : Sa rencontre & conference auec Gaufridy, en l'autre monde.

AV plus profond des abyſmes & des lieux où Radamanthe punit les crimes & exerce ſes cruelles geſnes, Beizebut auoit conuoqué vne aſſemblée de tous les Eſprits malheureux, pour trouuer moyen de ſauuer Grandier des recherches

Como ainda elas nos informaram, no dia 24 do mesmo mês, das seis às sete horas da noite, no refeitório, apareceu outro espectro em forma de um globo negro que jogou no chão a irmã Marthe e a superiora sobre uma cadeira, pegando as duas pelos ombros, e, ao mesmo tempo, outras duas religiosas, que estavam presentes, se sentiram atingidas na perna, onde contusões vermelhas, do tamanho de um tostão (*moeda no valor de 19 soldos*), persistiram pelo período de oito dias.

Além disso, elas nos disseram que, durante o restante do mês, não se tinha passado uma noite que não tivessem sofrido inquietações, enfermidades e terrores. [...]

Em 11 de outubro, o cerco estreitou-se. Urbain Grandier é acusado de bruxo.

O encanto do diabo

O diabo me enganava com freqüência por um pequeno prazer que eu sentia com as agitações e outras coisas extraordinárias que ele provocava em meu corpo. Eu sentia um enorme prazer ao escutá-lo falar e estimava muito parecer mais agitado que os outros, o que dava muita força a esses espíritos malditos, pois se regozijam de nos divertirem observando suas operações e, assim, insinuam-se pouco a pouco nas almas e adquirem ascendência sobre elas. [...]

No mesmo dia em que a irmã Agnès, noviça ursulina, fez os votos [*11 de outubro de 1632*], foi possuída pelo diabo, como a madre superiora me disse pessoalmente.

O sortilégio foi um buquê de rosas vermelhas que se encontrava sobre um degrau do dormitório. A madre superiora pegou-o e cheirou-o, e assim fizeram algumas outras depois dela, e todas foram possuídas imediatamente. Começaram a gritar e chamar Grandier, por quem estavam de tal forma apaixonadas que nem as outras religiosas ou quaisquer outras pessoas conseguiram contê-las.

Elas queriam ir ao seu encontro, e para isso subiam e corriam no telhado do convento, nas árvores, de combinação, e se seguravam nas pontas dos galhos. Ali, depois de gritos assustadores, suportavam o granizo, a geada e a chuva, permanecendo de quatro a cinco dias sem comer.

A cidade inteira acabaria entrando nesse círculo, como demonstra, algumas semanas depois, outra testemunha:

Gostaria de ter mais eloqüência para descrever o estado das religiosas e de sua igreja no tempo do exorcismo. Víamos cinco jovens assistidas, cada uma, por dois ou três padres ou religiosos: uma berrando, se contorcendo na poeira, fazendo caretas e tudo que possa causar horror; outra falando, rindo, cantando, levantando a mão e a voz... Além de tudo isso, as pessoas de lá para cá, correndo de uma para a outra, umas suspirando, outras escarnecendo, a poeira densa, o ar abafado, fumegando e exalando o odor fétido de alho, comum a todos dessa região. Afirmo que era uma imagem do inferno. [...]

Relação e identificação dos possuídos e seus diabos.

Religiosas possuídas:

1. *Jeanne des Anges*, superiora, 30 anos

Filha de Louis de Belcier, barão de Cozes, e de Charlotte de Goumard, da

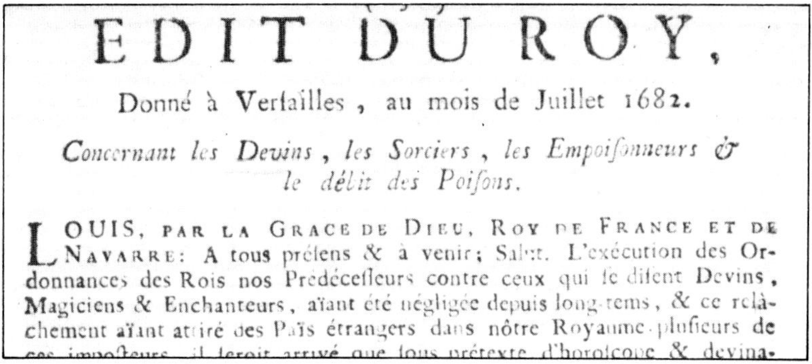

EDIT DU ROY,

Donné à Verſailles, au mois de Juillet 1682.

Concernant les Devins, les Sorciers, les Empoiſonneurs & le débit des Poiſons.

LOUIS, PAR LA GRACE DE DIEU, ROY DE FRANCE ET DE NAVARRE: A tous préſens & à venir; Salut. L'exécution des Ordonnances des Rois nos Prédéceſſeurs contre ceux qui ſe diſent Devins, Magiciens & Enchanteurs, aïant été négligée depuis long-tems, & ce relâchement aïant attiré des Païs étrangers dans nôtre Royaume pluſieurs de ces impoſteurs, il ſeroit arrivé que ſous prétexte d'horoſcope & devina-

casa de Chilles; sobrinha de Louis de Barbézieux, Senhor de Nogeret; segunda sobrinha de Octave de Bellegarde, arcebispo de Sens; etc. Possuída por seis demônios:

Leviatã, dos Serafins, alojado no meio da testa; *Aman,* das Potestades;

Isacaron, das Potestades, alojado sob a última vértebra do lado direito;

Balam, das Dominações, alojado na segunda vértebra do lado direito;

Asmodée, dos Tronos;

Béhémot, dos Tronos, no estômago.

2. *Louise de Jésus,* 28 anos

Filha de Barbezières, senhor de Nogeret, e de Dame Douzerant.

Dois demônios:

Caron, das Virtudes, alojado no meio da testa;

Eazas ou *Eazar,* das Dominações, alojado sob o coração.

3. *Jeanne du Saint-Esprit*

Irmã da anterior.

Um demônio:

Cerbère, dos Principados, alojado sobre o coração.

4. *Anne de Sainte-Agnès,* 19 anos

Filha de Jean, marquês de Motte-Brassé, e de Peronnelle de Cornu.

Quatro demônios:

Achaph, das Potestades, alojado no meio da testa;

Asmodée, dos Tronos, alojado sob o coração;

Bérith, dos Tronos, alojado no orifício do estômago;

Achaos, dos Arcanjos, alojado na têmpora esquerda.

5. *Claire de Saint-Jean,* irmã convertida, 30 anos

Descendente de Sazilly, parente do cardeal de Richelieu.

Sete demônios:

Pollution, dos Querubins, alojado perto do ombro esquerdo;

Elimy, das Virtudes;

Sansfin, também Grandier, das Dominações, alojado na segunda vértebra direita;

Nephtaly, dos Tronos, alojado no braço direito;

YY *Zabulon,* dos tronos, alojado no meio da testa;

Inimigo da Virgem, alojado debaixo do pescoço;

Concupiscência, alojado na têmpora direita.

Michel de Certeau,
La Possession de Loudun,
Julliard, 1970

Caçadores de bruxas

Em Friole, no norte da Itália, as tradicionais batalhas noturnas que os benandanti *travavam contra os bruxos decidiam a sorte das colheitas. Por volta de 1580, quando as descobriram, os Inquisidores consideraram essas crenças erros e heresias. Se o acusado aceitasse reconhecer seus erros e abjurar, lhe infligiam uma pena relativamente leve. Mais tarde, no século XVII, os juízes tentaram interpretá-las em termos de bruxaria.*

Esta sentença, que data de 25 de novembro de 1581, é uma das mais antigas de que se tem conhecimento. Descreve um mito que preservou sua pureza original.

Sentença contra Battista Moduco

Em nome de Cristo, amém.

Nós, frei Felice de Montefalco, doutor em teologia sagrada e Inquisidor-geral da heresia em todo o patriarcado d'Aquilée e a diocese de Concordia, especialmente delegada pela Santa Sé Apostólica.

Visto que você, Battista Moduco, pregoeiro público na Cividale de Friole na Diocese d'Aquilée, foi denunciado pelo rumor público, que nos chegou por pessoas dignas de fé, como suspeito de heresia, e que foi contaminado por ela há vários anos, com sérios prejuízos para a sua alma, conseqüentemente nós, a quem compete, pelo ofício que exercemos, implantar no coração dos homens a santa fé católica e extirpar o mal herético de seus espíritos (a que estaremos e estamos sujeitos), quisemos nos informar sobre esses fatos com mais segurança e ver se alguma verdade sustentava o rumor que nos chegou aos ouvidos, para que, se essa parecesse ser a verdade, pudéssemos lhe fornecer um remédio útil e oportuno. Fomos levados a fazer uma inquirição, a examinar as testemunhas, o convocamos e interrogamos o mais convenientemente possível, sob juramento, sobre as denúncias a seu respeito; aprofundamos todos os fatos que encontramos, como exige a justiça e como nos ordenam os decretos canônicos. Certamente, como queríamos concluir de maneira decorosa tal causa e ver claramente o que fora descoberto, se você caminhava nas trevas ou na luz, se estava infectado pela mancha da heresia ou não, segundo o procedimento, convocamos solenemente, em conselho, peritos em teologia sagrada e em direito canônico e civil, com a assistência do ilustre S. Giovanni Baduario, mui digno provedor de Cividale de Friole, no venerável convento de São Francisco da cidade citada acima, sabendo que, obedecendo às instituições canônicas, imparcial é o julgamento que é confirmado pelo parecer da maioria. Após reunir e assimilar esse conselho, ver e examinar, diligentemente, os resultados do processo, pesar todos os fatos nele contidos imparcialmente, o consideramos, por sua própria confissão recebida por nós em justiça sob juramento, dominado pelo mal da heresia em vários pontos:

Nascer "com a cabeça coberta"

Durante vinte e dois anos, você viveu nesses erros e heresias, pois confessou ter feito parte dos benandanti durante esse tempo, ter aderido às Têmporas de dezembro, ter recebido de sua mãe a membrana que cobria sua cabeça ao nascer, dizendo que a batizara com você, que tinha mandado rezar, para ela, algumas missas e que devia levá-la com você porque partiria com os benandanti. Essa coifa, você confessou que a tinha com você na noite em que apareceu um homem de Trivignano, seu conhecido, mas não benandante; ele lhe disse que devia acompanhá-lo porque estava com uma coisa que era dele; então, você lhe respondeu que iria pois era preciso e, a partir de então, saiu com esse homem muitas e muitas vezes durante vinte e dois anos.

- Além disso, segundo sua própria confissão, soubemos que, durante uma estada em Roma, sem nenhum temor a Deus, mandou celebrar para a coifa supracitada vinte missas e dizer várias orações e evangelhos por um padre.

- E mais, você ousou repetir várias vezes e não temeu afirmar perante nós que todos aqueles que nascem com a cabeça coberta pertencem a essa companhia e que devem aderir a ela quando completam vinte anos.

- Você partiu durante as Têmporas do ano, na noite de quinta para sexta-feira; costumava combater em um prado muito grande, próximo de Azzano, ou no que chama de "o campo" de Conegliano e, às vezes, até mesmo em terra alemã em um sítio vizinho a Cirghinis; foi no grande prado que você partiu pela primeira vez.

- Foi estabelecido por nós que você disse que, uma vez nesses lugares, faziam pândega pulando, bebendo, comendo, e que combatiam juntos com varinhas de funcho.

Guardar segredo dos nomes dos bruxos

- Em seguida, sua audácia foi tão grande e tão pequeno seu temor a Deus que ousou afirmar diante de nós que revelar o nome dos bruxos e dos benandanti seria ir contra a vontade divina; afirmou também acreditar e ter certeza de que esses jogos sacrílegos eram permitidos por Deus, que vocês combatiam por Deus; que o capitão, sob as ordens de quem você comparecia a tais espetáculos, havia sido designado por Deus.

- Além disso, sua perseverança e credulidade na realização do mal foram tão grandes que você acreditava com toda a convicção que não somente essas obras eram de Deus como que, após a morte, como recompensa, você iria para o céu.

- Você também disse, pessoalmente, que nos espetáculos e batalhas a bandeira dos benandanti era um estandarte bordado de tafetá branco, ornado com um leão, e o dos bruxos era de tafetá vermelho ornado de quatro diabos pretos.

- Que ao retornar desses jogos, entravam em cavernas para beber e cometer outros atos.

- Além disso, ousou acreditar e afirmar que o espírito e a alma podem sair do corpo a seu bel-prazer e a ele retornar para participar dessas batalhas. E como sinal de seu imenso embuste e de seu crime, recebeu o santo sacramento da Eucaristia sem nunca ter confessado esses erros e esses crimes tão graves.

Não excomungado, mas absolvido

Mas como o Senhor compassivo e misericordioso permite, às vezes, alguns caírem em heresias e erros não somente para que os homens católicos e instruídos se exercitem nos louvores santos, mas também para que as suas quedas os tornem mais humildes e que se exercitem nas obras de penitência, depois de, diligentemente, ter examinado os resultados do processo, como foi dito antes, vimos que, obedecendo às nossas instruções e às dos outros homens virtuosos, você retornou, com um juízo mais seguro, ao seio da Santa Igreja e à sua unidade, abominando os erros e heresias mencionados, reconhecendo a verdade irrefutável da Santa Fé Católica, imprimindo-a no fundo de suas entranhas. Por conseqüência, nós o autorizamos ao compromisso público abjuratório sob juramento e ordenamos que, agora, abjure publicamente as mencionadas heresias, assim como qualquer outra na forma escrita mais adiante.

A abjuração proferida, nós o absolveremos da sentença de excomunhão que o unia, após sua queda, à heresia; reconduzindo-o à Santa Igreja, lhe damos novamente os sacramentos, na condição de que retorne à unidade da Igreja com um coração genuíno e com uma fé não simulada, no que acreditamos e esperamos que tenha feito.

Cumpra, portanto, a abjuração escrita abaixo.

Seguem o texto da abjuração pronunciada pelo condenado, depois o enunciado da sentença:

As batalhas rituais dos benandanti estigmatizam a luta contra as forças do Mal.

Primeiro:

1 - Nós o condenamos a permanecer na prisão durante seis meses, de onde só sairá com nossa autorização expressa e escrita.

2 - Toda sexta-feira das Têmporas, jejuará e rezará a Deus que perdoe os pecados que cometeu nesses dias, e isso durante dois anos consecutivos.

3 - Três vezes por ano, na Ressurreição, na Assunção da Virgem Maria no mês de agosto e no Nascimento de Nosso Senhor, durante cinco anos, confessará seus pecados e receberá os santos sacramentos da Eucaristia apresentando ou enviando um atestado do cura do Santo Ofício da Inquisição.

4 - Deve e é obrigado a enviar ao Santo Ofício da Inquisição todos os invólucros ou coifas em que nasceram ou nasçam seus filhos sem destruí-los no fogo.

Para sua penitência ou sua salvação, durante três anos, todo feriado religioso, rezará o terço, orando a Deus que perdoe seus pecados e erros.

Reservando-nos a possibilidade de abrandar e exonerar, completamente ou em parte, sua penitência, conforme o que nos parecer lhe convir.

Carlo Ginzburg,
Les Batailles nocturnes, sorcellerie et rituels agraires aux XVIe et XVIIe siècles,
Flammarion, 1984

Bruxas, hoje?

A bruxaria dos tempos modernos, na nossa cultura, não é mais a bruxaria demoníaca de antigamente. Mas é vigorosa e testemunha a consolidação da crença em um determinado poder de fazer mal. É a bruxaria do feitiço que mantém com aqueles que ela atinge relações ambíguas. Eis aqui dois testemunhos etnológicos, tomados nos dois extremos da Europa (o extremo sul da Itália e o Bosque normando), da bruxaria.

No Bosque normando, a agressão se manifesta através dos sortilégios. Adversidades, doenças são, então, atribuídas a sortilégios lançados por vizinhos invejosos ou vingativos. A bruxaria é posta em causa quando a doença se manifesta de maneira súbita e incompreensível, quando a desdita se repete, quando a má sorte insiste.

A palavra

O vizinho só fala com os Babin quando tem certeza de sua força, isto é, da eficácia mágica de sua maldade: "Quando não está bem, não nos vê", diz Joséphine, "mas quando está bem, conversa conosco. Isto é, [conversa] com Jean, porque eu não converso." Ela sabe bem como a comunicação com o "coisa ruim" é perigosa, e toma cuidado para não correr nenhum risco. Mas Jean sempre cai na cilada: "Na véspera da Ascensão", disse ela, "Jean foi vender um bezerro de treze semanas em Craon." O vizinho já havia aproveitado essa ocasião para estabelecer um contato maligno com a sua vítima. "Não reservá-lo para mim?, gostaria de comprá-lo", perguntou a Jean, que desdenhou sua oferta. Mas se Babin fosse um embruxado responsável, deveria ter-se resguardado previamente de qualquer pedido de seu bruxo. Aceitar que lhe faça uma pergunta e ainda por cima desdenhar responder, era ser duas vezes imprudente: por ter-se exposto ao contato e por ter provocado o desprezo do "coisa ruim". Para puni-lo, o bruxo secara a mãe desse bezerro. [...]

A mesma agressão, e pelo mesmo bruxo, repetiu-se, mas com variações.

Por exemplo: em maio de 1969, Jean me disse: "Tenho um belo novilho. Pretendo vendê-lo. O vizinho, que já tinha ouvido falar nisso, veio vê-lo, mas não fez negócio. Dois ou três dias depois, uma *beurrée* [nome local para 'queijos'], e eis que a mãe do bezerro secou." Depois de não ter conseguido fechar a venda desse bezerro, o vizinho supostamente "viajou à noite", isto é, deslocou-se secretamente, à noite, até o sítio de Babin para aí fazer surgir a *"beurrée"*, armadilha destinada a "tirar o leite" da vaca.

As *"beurrées"* são formações vegetais que aparecem, à noite, nas plantações, semelhantes a bolor ou a cogumelos esbranquiçados. Sob a casca transparente do vegetal, vemos as redes de canais enredados, por onde corre um sumo branco brilhante, que os embruxados afirmam ser constituído do leite ou da gordura da vaca ressecada: a produção da vaca é passada para o vegetal e a vaca é ressecada ou só produz leite muito magro para ser vendido à leiteria. Para anular essa transferência da fertilidade do animal para o vegetal é preciso, antes de mais nada, flambar as "*beurrées*" com petróleo ou álcool: "É difícil queimar todo o creme de leite", observa Jean, "é difícil de queimar, enruga." Dá a impressão de achar que o vegetal está cheio da matéria gordurosa produzida pela vaca e não de seu próprio sumo, o qual só teria uma relação de figuração com o creme. Quando a "*beurrée*" desaparece, convém jogar água e sal bentos no seu local. Outros, não os Babin, seguem essas medidas de proteção de um ato de agressão mágica contra o bruxo: quando flambamos a "*beurrée*", "é preciso pôr em cima vidro e agulhas para fazer sofrer aquele que a fez, para ficarmos mais fortes" que ele.

Quer provocado diretamente quer pela mediação de uma "*beurrée*", nenhuma explicação me foi dada do mecanismo do esgotamento da vaca. Quando fui iniciado alguns meses depois, percebi, aliás, que ninguém no Bosque, nem mesmo o exorcista, tinha uma idéia precisa desse tipo de processo. Considera-se simplesmente que entre o forte e o fraco (o "coisa ruim", o mau, e o bom), qualquer contato, quer pela palavra, quer pelo olhar, quer pelo toque, provoca um desperdício de força ou fecundidade - aqui, figurada pelo leite - no embruxado. Na ocasião da colocação à venda do bezerro, Jean se expôs à palavra de um bruxo despeitado: por isso o atacou metonimicamente, "tirando" a fertilidade da mãe do bezerro. [...]

O toque

Nesse relato - de contato material mais direto -, os Babin temem, particularmente, o aperto de mão, esse gesto de reconhecimento tão comum que geralmente nos esquecemos de pensar no que incita: "Na sepultura [enterro] do velho Paumard", disse Jean, "o vizinho correu para me cumprimentar. Como explica isso? Nunca me cumprimentou, nem uma vez sequer no ano." Esse aperto de mão anormal sela a sorte de uma vaca, que aborta dois ou três dias depois. Já que, em geral, o vizinho não cumprimenta Jean e recusa reconhecê-lo como um amigo, se por uma exceção o cumprimenta, só pode ser com a intenção de tocá-lo magicamente: o primeiro infortúnio que advém é interpretado como uma conseqüência, aliás previsível, desse toque.

"No ferreiro", acrescenta sua esposa, "o vizinho, com os olhos saltando da cabeça [isto é, provido de atributos da toda-poderosa mágica, os olhos exorbitantes], veio direto lhe dar bom-dia [segunda anomalia, o vizinho que em geral não o cumprimenta em público ou não se dá ao trabalho de cumprimentar alguém que considera inferior]. Jean toca sua mão e diz a si mesmo: Pronto, vai me acontecer alguma desgraça. [Como sempre, Jean percebe tarde demais que um aperto de mão pode ser um toque mágico.] Se, pelo menos, tivesse tocado no sal, lamenta-se ela. [Trata-se do sal bento que Joséphine põe, diariamente, nos bolsos dele para que tenha uma chance de anular as conseqüências de suas imprudências.] No dia seguinte, ele perdeu a roda do distribuidor [de adubo] e discutiu com um homem de Torcé. [...]" Completamente desmoralizado por sua incapacidade de resistir à fascinação do bruxo - provavelmente oprimido com as advertências de sua mulher e de seu filho -, Jean preferiu se refugiar na bebedeira desesperada que o levou rapidamente ao asilo psiquiátrico, de onde, aliás, conservou a melhor lembrança: ali, pelo menos, estava protegido.

O olhar

Mais que a palavra ou o toque, o olhar do bruxo produz efeitos devastadores: "Se não tenho sal no bolso", diz Jean, "sou empurrado para a vala toda vez que pego o carro", depois de cruzar o terrível olhar do vizinho. "Outro dia, só foi o tempo de pôr a mão dentro do bolso [para tocar o sal, pois, às vezes, isso lhe ocorre] para não cair na vala." "E em 25 de novembro", diz Joséphine, que mantém uma contabilidade exata da mortificação de seu marido, "quando voltou para buscar as ferramentas, [ele já estava irritado com esse esquecimento], o vizinho estava lá, na estrada, e olhava para ele", ela me explica. "Jean baixou os olhos [o que não deve se fazer nunca, senão é a ruína] e, assim que entrou na fazenda, teve uma crise de nervos." Felizmente, Joséphine estava lá, e sabia como acalmá-lo: "Com sal, isso passa. [...]"

Joséphine resume, então, para mim, as medidas de proteção que ela utiliza:

a) "Os apertos de mão, nunca se deve aceitá-los", diz ela com firmeza. Seu cunhado, em seguida, me dá mais detalhes: "Nunca dê sua mão porque ele [o bruxo] tentará nos tocar" magicamente na ocasião de um contato aparentemente inofensivo. De qualquer maneira, "devemos evitar freqüentá-los".

b) No que se refere à palavra, a melhor proteção é nunca deixar a última palavra para o bruxo: "Se ele diz bom dia, deve-se responder imediatamente depois"; se ele lhe falar e você não tiver o que responder, pelo menos repita as suas últimas palavras. [...]

c) A mesma coisa no que se refere ao olhar: "Se ele o olha, olhe para ele por último." Joséphine, perita em proteções, enuncia esse preceito com orgulho, comentando pela quarta vez que ela, de qualquer jeito, "nunca fica

doente dos rins", nem nervosa, porque nunca se esquece dessas pequenas coisas.

Assim, o contato material direto (pelo toque) deve ser evitado completamente, enquanto os contatos indiretos (pela palavra, pelo olhar), se não puderem ser evitados, devem ser sustentados.

Jeanne Favrat-Saada,
Les Mots, la mort, les sorts,
Gallimard, 1977

Na Sardenha, o "mau-olhado" serve para medir a intensidade das relações interpessoais no seio das comunidades aldeãs.

Na cultura rural sarda - o exemplo da Sardenha pode ser estendido a uma boa parte dos costumes camponeses da Europa do sul -, a agressão entre os indivíduos se realiza através do olhar. Assim nasceu a crença no "mau-olhado", força que passa do olho de uma pessoa a uma outra pessoa, a um animal ou a uma coisa. O mau-olhado "se assenta" na pessoa que ele quer prejudicar, ou melhor, ele a "toma". Ele ataca de repente e a imagem que utilizam aqueles que sofreram seus efeitos é a do roubo. O olho leva o bem cobiçado, a saúde do indivíduo, o seu sangue. Literalmente, ele os absorve, como um vampiro. O olho se encontra, desse modo, investido de uma grande carga agressiva. Nada se pode fazer contra ele, o que lhe permite ameaçar bens fundamentais da vida rural tradicional: a colheita, a saúde do camponês e de sua família, a do seu gado, a elaboração dos produtos derivados da agricultura como o pão, os queijos ou o vinho, mas também todos os sinais exteriores da segurança do grupo doméstico e de seu *status* social.

O mau-olhado ameaça a integridade física dos indivíduos

Hoje, ele se modernizou. Opõe-se ao êxito escolar das crianças, aos tratores e aos automóveis. Mas o seu alvo predileto permanece sendo a integridade física dos indivíduos. A doença provocada pelo mau-olhado é sempre um mal misterioso, que o médico nunca consegue diagnosticar com precisão e que se mostra rebelde a qualquer tratamento clínico.

Qualquer um é suscetível de transmitir o mau-olhado, assim como de recebê-lo. Ele pode, até mesmo, se assentar involuntariamente, sem o agressor saber. Pois, afinal, o mau-olhado simboliza a sanção que a comunidade rural exerce ao encontrar um membro ou um grupo familiar que transgride suas regras tácitas de funcionamento. Esse código social se fundamenta na idéia de que o depósito de bens, materiais ou simbólicos,

possuídos pela comunidade, é limitado e deve ser distribuído igualmente entre todas as famílias. É uma velha concepção, pré-capitalista, da repartição de bens nas sociedades rurais tradicionais da Europa. Esse igualitarismo comunitário implica, nessas condições, que todo êxito individual ou familiar, toda ascensão social insólita, sejam considerados um insulto pelo resto da comunidade, até mesmo pior, um roubo, pois não podem se realizar sem tirar desse depósito limitado, sem lesar as outras famílias.

A inveja é a origem do mau-olhado

A comunidade camponesa sente-se legitimamente autorizada a exercer represálias contra aquele que infringe essas regras. É a inveja - a etimologia da palavra deriva da crença no mau-olhado (em francês, invejar é "*envier*", isto é, "lançar um olhar contra") - que suscita o mau-olhado. Opondo-se àquele que foi muito bem-sucedido, o agressor, investido na justiça comunitária, se empenha em restabelecer um equilíbrio injustamente rompido. Não será de admirar que essa agressão seja concebida como dos mais pobres aos mais ricos. Uma pobre camponesa supunha que o mau-olhado não a atingiria porque ela era pobre demais. "O mau-olhado ataca somente os ricos", prosseguiu ela, "pois nasce da inveja dos pobres."

Essa noção de igualitarismo comunitário e de redistribuição de bens pelo infortúnio é partilhada por aqueles que desfrutam um relativo conforto. Beneficiam-se dele com a consciência pesada, convencidos de que essa felicidade só pode ser precária e arriscada. Ter muito êxito na vida, com os seus animais, filhos ou diplomas, pede sempre a sanção da justiça comunitária e do destino. Esse êxito confunde a ordem natural das coisas, que não pode deixar nem um dia de se restabelecer de maneira brutal. A alegria intensa é sentida como um erro. "Eu tinha uma filha de seis meses e um vizinho, um bom homem, disse à sua mulher:

- Verá como a filha do vizinho vai morrer porque é bela demais.

A minha filha morreu algum tempo depois."

Essa mulher sabia que tudo, principalmente a felicidade, um dia teria de ser pago.

Alguns rituais mágicos podem impedir a maldição

Diante do risco da agressão pelo mau-olhado, como devemos nos comportar? É preciso, antes de mais nada, ficar permanentemente atento, pois mesmo o cumprimento pode ser uma maldição camuflada. É preciso tentar se proteger com rituais mágicos: carregar um amuleto ou fazer um gesto obsceno com os dedos quando um interlocutor falar com você e tudo levar a crer que tem intenção de agredi-lo. Mas quando o mau-olhado atingiu seu alvo e foi diagnosticado, só resta procurar a "mulher que sabe", a *fattucchiera*. São quatro ou cinco por aldeia, que praticam essa "medicina do olho" ou outras medicinas mágicas como as que curam luxações, torcicolos, males infantis do estômago, todas as afecções cujas origens são consideradas duvidosas. Por meio de conjuros, que, quase sempre, são orações balbuciadas em voz baixa, essas mulheres sabem desviar os efeitos negativos do mau-olhado.

Jean-Michel Sallmann

O saber tradicional

Sempre existiram receitas e fórmulas destinadas a prevenir, curar, em um domínio em que somente o empirismo tinha crédito. Em uma época em que as tradições se transmitiam oralmente, os eruditos recolheram esse conhecimento popular e codificaram suas fórmulas eternas. É o caso, no século XIII, de Albert le Grand, teólogo e filósofo alemão, cuja obra de divulgação, conhecida por "Grand Albert", constitui um testemunho escrito precioso do saber popular.

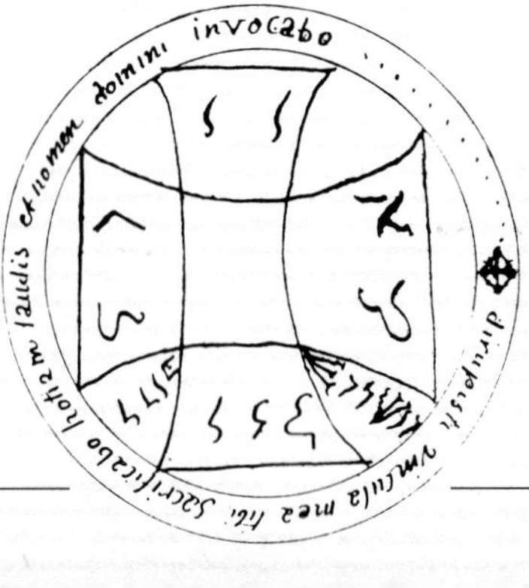

No qual se fala dos Segredos prodigiosos e naturais.

Para tornar um ovo macio e flexível

Para tornar um ovo macio e flexível e poder passá-lo por um anel, ou outra coisa, sem quebrá-lo, tem-se de mergulhá-lo, durante cinco dias, em um bom vinagre; no fim desse prazo pode-se passá-lo por onde quiser.

Para saber se uma pessoa vai morrer

Para saber se alguém vai morrer de doença, ou se vai se restabelecer, ao ir vê-la, leve verbena, e quando se aproximar da cama do doente, pergunte como vai ele; se responder que está melhor, escapará, se responder o contrário, não se restabelecerá.

Se queremos ser amados por um homem ou uma mulher, friccionamos as mãos com o sumo de verbena e, em seguida, tocamos aquele que queremos namorar; esse segredo quase sempre foi aprovado.

Para acabar com as pulgas de um quarto, borrife-as com a infusão de arruda, urina de um jumento, e não sobrará nenhuma. Plínio garante que é o melhor remédio que se pode encontrar.

Para matar percevejos

Para matar todos os percevejos em uma cama, pegue um pepino em forma de serpente, ponha-o em conserva e o mergulhe na água. Depois, esfregue a cama com ele, o segredo é infalível: ou então, o fel ou excremento do boi, misturado e diluído no vinagre, esfregado na cama, e nunca mais se verá um percevejo nessa cama.

Se quer afastar as serpentes

Se queremos afastar as serpentes, fervemos e queimamos penas de abutre no local. Aquele que carrega o coração dessa ave não teme as serpentes; o coração, amarrado com pêlo de leão ou lobo, afasta os diabos.

Para fazer um diabo aparecer a alguém que dorme, pegue o sangue de uma poupa e friccione o rosto da pessoa; ela imaginará que todos os diabos estão ao seu redor. Quando queremos viajar sem cansar, devemos segurar a erva que chamamos artemísia, e fazermos um cinto com ela, enquanto andamos; se cozinharmos essa erva e lavarmos os pés com ela, nunca nos sentiremos cansados.

Para impedir as desavenças e o divórcio

Para impedir as desavenças e o divórcio entre um homem e uma mulher, deve-se pegar dois corações de codorniz, de um macho e de uma fêmea, e mandar o do macho ao homem e o da fêmea à mulher. Enquanto o tiverem, bem antes de haver desavenças entre eles, se amarão com tal ternura que ninguém conseguirá fazer com que se odeiem, nem mesmo por meio de feitiços e encantamentos.

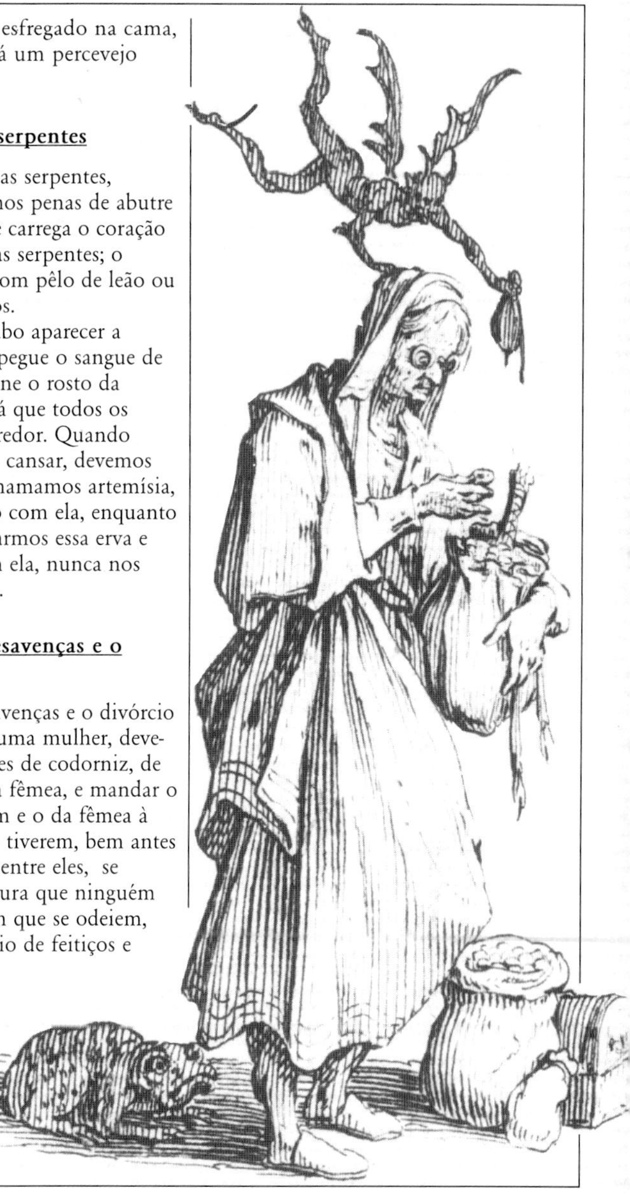

Para que nasçam dentes nas crianças

Para que nasçam sem dor os dentes de uma criança, pegue o cérebro de uma lebre e o cozinhe; quando estiver cozido, friccione as gengivas das crianças, quando os dentes querem sair; é certo e provado que sairão sem se darem conta.

Se quer ver seu nome impresso

Se quer ver o seu nome impresso ou escrito em caroços de pêssegos ou de amêndoas de um pessegueiro ou de uma amendoeira, pegue o caroço de um belo pêssego, ponha-o na terra numa época boa para o plantio, e aí o deixe por seis ou sete dias, até que fique meio aberto; em seguida, retire-o bem devagar, cuidando para não estragá-lo, e com Cinabril escreva o que quiser no caroço, e, quando ele estiver seco, ponha-o de novo na terra depois de fechá-lo bem com um cordão bem fino, e sem fazer mais nada para que se transforme em árvore, veremos que o fruto que gerará terá o mesmo nome que escrevemos no caroço. Podemos fazer a mesma experiência com uma amêndoa.

Para curar da peste

Para curar da peste, separa-se meia onça de *eau de vinette* (vinho fraco e azedo), um dracma de teriaga, que damos de beber ao que foi atacado desse mal - é preciso que essa mistura esteja morna. Em seguida, cobrimos bem o doente, que suará. Com certeza, se não está com a peste há muito tempo, ficará curado. É um segredo aprovado por grandes autores antigos e modernos.

Excremento de Rato

Não há nada mais seguro para fazer nascer pêlo em qualquer parte do corpo que o tenha perdido do que friccionar essa parte com a mistura de excremento de rato e mel.

Excremento de pequenos Lagartos

As mulheres de muita idade e que, apesar disso, querem ainda parecer belas, devem considerar seriamente esse excremento, pois ele faz desaparecer todo tipo de ruga e deixa a pele branca, dando uma tez bela e agradável às mulheres. [...]

Pegue excremento de pequenos lagartos, ossos de choco, borra de vinho branco, raspas de chifre de cervo, coral branco e farinha de arroz, na mesma medida, triture tudo por bastante tempo no almofariz e peneire bem; depois, deixe, por uma noite, na água destilada de uma quantidade semelhante de amêndoas, lesmas de vinhas ou de jardins, e flores de verbasco; depois disso, misture a mesma quantidade de mel branco e triture, mais uma vez, tudo junto no almofariz. Essa composição deve ser conservada com cuidado em uma vasilha de prata ou de vidro que esteja bem limpa; friccionaremos, quando quisermos, o rosto, as mãos, o seio e o pescoço, e conheceremos, inevitavelmente, a generosidade e verdade desse segredo.

As virtudes da Urina

A urina é quente e acre, e a acho muito preciosa. [...] Embora sintamos naturalmente repugnância de beber urina, pode-se ter certeza de que não há remédio mais poderoso no mundo; além de curar a tinha, as úlceras

supuradas dos ouvidos e as chagas inveteradas, também serve para vários outros males, e o seu valor é incalculável; o leitor gostará que lhe expliquemos suas virtudes, o que faremos.

Os ossos humanos

Os ossos do homem têm uma virtude oculta e prodigiosa para curar a epilepsia, se, depois de reduzi-los a pó, o dermos de beber, em qualquer recipiente e em jejum, àquele acometido do mal.

A saliva humana

Há três tipos de saliva humana. A de depois de comer tem pouca ou nenhuma virtude; a de um homem em jejum, e que ficou muito tempo sem beber, possui grandes propriedades, pois tem muita acrimônia; a de depois da digestão está entre as duas outras. A saliva do homem mata áspides, serpentes e outros répteis e animais venenosos, se a deixarmos cair sobre seus corpos. [...]

Além disso, misturando-a com mercúrio, uma única respiração é capaz de curar um homem da peste; esse segredo não deve se tornar comum, pois é muito curioso.

Caracóis vermelhos

Não posso deixar de contar os truques que fiz com moluscos. Eu os queimei no forno, em uma panela bem acabada, e dei o pó misturado com a papa durante quinze dias para crianças, ou em sopa, se já não mamavam, e com esse remédio curei todos os tipos de hérnias, sem aplicar nada. Para os que são delicados, destila-se os moluscos na água ao banho-maria, e lhes damos de beber com açúcar, ou diluído no cozido, o que surte o mesmo efeito do pó. Se preparamos partes iguais de caracóis vermelhos e alecrim, os picamos bem miúdos, colocamos em seguida, durante quarenta dias, debaixo de estrume de cavalo, dentro de uma panela de chumbo e bem fechada, depois desse tempo, extraímos o óleo, que colocamos em um frasco de vidro bem vedado; depois, o expomos ao sol durante algum tempo. Esse óleo cura, em pouco tempo, as cólicas que a mulher sofre antes ou depois do parto.

As Aranhas e suas teias

A aranha, segundo os médicos, pode prejudicar e ser útil aos homens. Mencionarei somente as suas qualidades boas e úteis. Em primeiro lugar, a aranha moída e colocada em um pano sobre a testa e têmporas cura a febre terçã; a teia de aranha aplicada no local que verte sangue, o estanca. Além disso, impede as chagas ou as úlceras de inflamarem.

O cérebro do Gato

O cérebro do gato ou da gata, se friccionado no pescoço, cura, em menos de dois dias, as inflamações causadas por febres violentas e contínuas.

As conchas das ostras

Essas conchas reduzidas a pó, cruas ou queimadas, misturadas com um pouco de manteiga fresca, têm o poder maravilhoso de insensibilizar as hemorróidas que fluem há muito tempo. Se as colocamos sobre úlceras inveteradas e purulentas, elas as dessecarão de maneira admirável.

O pêlo

Só sei de dois tipos de pêlo que a medicina usa com êxito: o do homem e da lebre. O pêlo do homem, reduzido a pó e bebido durante sete ou oito manhãs, com vinho branco, cura a icterícia. O pêlo da lebre queimado e aplicado sobre uma chaga, estanca o sangue na hora. Também, se for dado a beber, com vinho branco, a um hidrópico, ou a quem sofre de litíase, este ficará curado.

Para endurecer alguma outra matéria

Colocamos em um copo sumo de qüinqüefólio e de aluines; em seguida, moemos vermes, e depois de espremêlos em um pano, esfregamos a matéria bem quente, e a deixamos amortecer nesse sumo.

Para amolecer o Cristal

Pegue chumbo queimado e cristal, na mesma medida, quebre-o sobre uma pedra, em seguida, ponha tudo em um cadinho para fundir; poderá fazer o que quiser por esse meio. Ou então, com cal viva e cinzas de sódio igualmente, faça uma lixívia, que escorrerá nove a dez vezes, coloque dentro o aço ou o cristal durante vinte e quatro horas.

Para amolecer o Ferro

Com a água em que bóia o sangue de um homem que sangramos, depois de deixar o ferro em brasa, e com uma pena molhada na água citada acima, esfregue-o enquanto ela durar, é um segredo infalível para amolecer o ferro.

Virtudes e propriedades de vários tipos de excrementos.

Excrementos do Homem

Dioscoride em seu oitavo livro, Galien no décimo e Eginette no sétimo de seus simples, apreciam muito e dão muito valor aos excrementos do homem, e garantem que sem qualquer outro remédio eles curam males da garganta, isto é, amigdalites. A maneira de preparar é a seguinte: dá-se de comer tremoços a um jovem de bom temperamento e em perfeita saúde, durante três dias, com pão bem assado, com um pouco de fermento e sal; para beber, só lhe daremos vinho pouco tinto, sem lhe dar outra coisa do que o que acabamos de dizer. Será preciso rejeitar como inúteis os excrementos que fará no primeiro dia. Os que fará nos dois dias seguintes serão coletados e conservados cuidadosamente, depois serão misturados com a mesma quantidade de mel, e lhe daremos de beber como um eletuário. Esse remédio é poderoso para a amigdalite.

Excremento de Cachorro

Tranca-se um cachorro e só lhe dá ossos para roer durante três dias. O seu excremento, depois de ressecado, é excelente para disenteria.

Excremento de Lobo

Todo mundo sabe que o lobo é um animal cruel, que devora, freqüentemente, a pele com os ossos; se colhermos os ossos encontrados em seu excremento e os moermos bem e o bebermos com vinho, a beberagem terá a virtude particular e admirável de curar imediatamente a cólica.

Excremento de Boi e de Vaca

O excremento de boi e de vaca recente e novo, envolvido em folhas de parreira ou de couve, aquecido nas cinzas, cura as inflamações que são causadas pelas chagas; o mesmo excremento abranda a ciática; se o misturamos com vinagre, tem a propriedade de supurar as glândulas escrofulosas, o que chamamos de alporca.

Les Admirables secrets d'Albert le Grand,
La diffusion scientifique, Paris

A bruxaria nas outras culturas

Nas sociedades tradicionais africana e haitiana, onde a vida religiosa e a vida cotidiana se superpõem, a bruxaria continua viva. Bastante diferente do modelo demonológico europeu, ela permite, entretanto, explicar igualmente a emergência do infortúnio no destino individual e exprimir, de maneira simbólica, como na feitiçaria européia, a agressividade que caracteriza as relações interpessoais.

As crenças africanas na bruxaria foram transplantadas na América com os escravos. Cortadas de suas raízes, desenvolveram-se e se transformaram no contato com outras culturas, indiana e européia. No Haiti, se integraram ao ritual vodu.

A partir da época colonial, exagerou-se o número e o poder oculto dos mágicos. Porém não há dúvidas de que ainda hoje muita gente no Haiti se dedica à magia negra, encorajada por verdadeiros profissionais dessa arte. Os sortilégios que vemos nas encruzilhadas, os vestígios de cerimônias misteriosas que descobrimos nos cemitérios, os passaportes de lobisomens, os objetos seqüestrados nos *houmfò* no momento da campanha anti-supersticiosa e, de vez em quando, crimes estranhos, inexplicáveis, provam que, apesar de várias histórias de feitiçaria e envenenamento serem produtos da imaginação perturbada, a prática da magia negra não deixou de existir. Na verdade, por mais condenável que seja essa forma de criminalidade, ela é preferível à que se manifesta pelos assassinatos. É melhor embruxar alguém do que apunhalá-lo. Inclino-me a crer que a fraca proporção de homicídios no Haiti deva ser creditada à bruxaria. O indivíduo que enfeitiça o seu inimigo satisfaz o seu ódio e se impede de uma ação que, no plano do real, seria mais grave.

Nem os recém-nascidos são poupados pelos bruxos

Gostaria de anexar ao dossiê da bruxaria haitiana um documento perfeitamente autêntico. É o relato da tentativa de assassinato, cometida por

O sacrifício sangrento é o ponto culminante do ritual vodu.

razões mágicas, de um bebê de três meses. O autor do texto não é outro que não a própria vítima.

"Escutei minha mãe e minha avó contarem muitas vezes a história singular do meu primeiro contato com um lobisomem, história que quase se tornou trágica.

"Eu tinha somente três meses. Os meus pais estavam muito preocupados com a saúde da minha irmã Madeleine, que sofria uma coqueluche sem que os cuidados constantes conseguissem restabelecê-la. Certo dia, por volta das quatro horas da manhã, a jovem empregada que se ocupava particularmente de mim passeava comigo na varanda atrás da casa. Os meus pais me escutaram dar, de súbito, um grito agudo, inusitado. Minha mãe, inquieta, já que se tratava de um de nós, perguntou à empregada o que tinha acontecido. A jovem respondeu que não tinha acontecido nada, mas os seus esforços aparentes para me acalmar eram em vão. Minha mãe protestou: 'Esses gritos não são sem motivo, o bebê não costuma chorar assim, veja se não foi espetado por alguma coisa. Já dissemos para não pegá-lo no colo quando estiver com alfinete espetado na blusa.' A empregada continuou a afirmar que não estava com nenhum alfinete e que não tinha acontecido nada. Porém, os meus gritos não cessavam.

"Minha mãe mandou que me levasse até ela e me despiu. No meu peito via-se a cabeça de uma agulha. O meu pai foi buscar imediatamente o Dr. Audain, que morava perto. O médico, não conseguindo retirar a agulha, que estava enfiada muito fundo, pediu um ímã potente. Eu gritava e me agitava tanto que, receando que a agulha se deslocasse e espetasse o coração, decidiu por uma pequena cirurgia de emergência com os meios de que dispúnhamos.

"A empregada, ao ser interrogada, confessou, segundo contam, que um *houngan* lhe havia declarado que precisava de um 'anjo' antes do Natal. Parece que, antes, ela tentara envenenar minha irmã Madeleine, o que não conseguiu por causa da atenção contínua que cercava a pequena doente. Então, vendo o tempo correr, fez um ataque precipitado a mim.

"Nenhuma atitude legal foi tomada em relação ao caso. Minha mãe, com uma súbita repulsão em relação a essa jovem que tinha querido sacrificar o seu filho, ordenou que partisse imediatamente e que nunca mais aparecesse na sua frente."

Um objeto simbolizando a vítima serve de "suporte" à bruxaria

É muito conhecido, no Haiti, o tipo clássico de feitiço com uma boneca ou qualquer outro objeto simbolizando a vítima, porém, algumas vezes, assume uma forma absurda. O bruxo tenta, com palavras mágicas, atrair em uma cuba de água aquele que lhe pedem que mate. Quando vê o seu reflexo na água, ele o apunhala. Se o golpe o atingiu, a água se torna vermelha imediatamente. Pode-se naturalmente causar a morte de uma pessoa se realizarmos alguns ritos com um objeto que lhe pertenceu. A esse respeito, me contaram a seguinte história. Um cura da região de Jacmel foi chamado com urgência para assistir um velho camponês agonizando. Tratava-se de um *boko,* cuja vida havia sido um rosário de crimes. Entre outros delitos, confessou, ao cura, que pouco antes de adoecer o havia enfeitiçado por meio de seu manípulo. Descreveu o local onde o escondera e o aconselhou a buscá-lo o mais rápido possível porque, segundo seus cálculos, o sortilégio surtiria efeito naquele mesmo dia. O cura escutou-o até o fim, lhe deu a absolvição e partiu às pressas em busca do manípulo. Expirou no momento em que, tendo-o encontrado, esperava o sortilégio se desfazer. Para isso, foi preciso a intervenção de um *houngan*, pois nem mesmo o autor do feitiço, muitas vezes, sabe suspender os efeitos.

O suicídio não é considerado um ato genuinamente voluntário, mas a conseqüência de um estado de alienação mental provocado por um bruxo.

O número de crimes cometidos pela magia é, sem dúvida, considerável, mas talvez seja menor do que imagina a opinião pública. Quem manda enfeitiçar um inimigo sabe que o segredo do seu ato corre o risco de ser desvendado por um *houngan* que, a pedido da família da vítima, não se privará de lhe devolver na mesma moeda. Quando os pais de um morto suspeitam que houve "envenenamento", não poupam nem dinheiro nem dor para descobrir o culpado e atacá-lo com a mesma arma que usou. E, por fim, há Deus, o "Grande Mestre", que vê tudo e não tolera a bruxaria. Mesmo que Deus não castigue o culpado, este corre o risco de inimizar seus *loa* de família. Em sinal de descontentamento, podem lhe retirar sua proteção e abandoná-lo sem defesa aos sortilégios e encantos de seus inimigos. Portanto, quem pratica a magia tem todas as razões para temer a dos outros. Tais considerações sem dúvida detêm um bom número de pessoas no caminho do crime. Outras preferem a feitiçaria brutal de meios mais lentos, embora criminosos, que se parecem menos com um assassinato puro e simples. Esses recorrem a "venenos" provocando doenças cujo desfecho é, a longo prazo, fatal. Há os que proporcionam ao seu ressentimento o mal que desejam infligir e se satisfazem com doenças penosas, acidentes ou ruínas, de que sabem ser os autores. Como o *boko* tem de satisfazer os pedidos mais diversos, seu arsenal comporta armas muito variadas.

Os "trabalhos" dos bruxos se desenvolvem no sigilo dos *houmfò*, nas encruzilhadas solitárias e ao pé das cruzes nos cemitérios. O mistério com que a magia se cerca não impede de um grande número de pessoas honradas estarem muito bem informadas sobre o menor detalhe das práticas de bruxaria e sobre a composição dos "venenos" mais nocivos. Pois não é tanto a ciência dos *boko* quanto o ato da bruxaria em si que é secreta. Muita gente possui bons conhecimentos de magia, sem nem por isso se entregar a ela.

Alfred Métraux,
Le Vaudou haïtien,
Gallimard, 1984

Os Azande acreditam que algumas pessoas são bruxas e podem prejudicá-los em virtude de uma qualidade intrínseca. Um bruxo não realiza rito, não profere palavras mágicas, não possui drogas mágicas. Um ato de bruxaria é um ato psíquico.

Neste texto, assistimos à morte de um ancião que há muito tempo carrega a vergonha das acusações de bruxaria, e que deseja deixar uma recordação sem mancha e conservar a honra do seu sangue.

Quando esse homem, a quem deram asas de galinha como sinal de seus feitiços, aproxima-se da morte, fala:

"Me humilharam profundamente; se eu morrer, não hesitem em mandar abrir o meu ventre."

Assim, quando ele morreu, seus parentes se reuniram e conversaram intimamente. Disseram:

"Nosso parente está morto, vamos preparar o oráculo de veneno."

Vão preparar o oráculo de veneno e lhe dizem:

Dança do homem pássaro, na Nigéria.

"Nosso parente está morto, e vou abrir o seu ventre. Se encontrar a substância-bruxaria em seu interior, oráculo de veneno, mate a galinha. Se eu não encontrar a substância-bruxaria, oráculo de veneno, poupe a galinha."

Se o oráculo de veneno poupa essa ave, eles pegam outra e dizem:

"Esta ave que sobreviveu teve a vida salva em virtude da verdade e não verei substância-bruxaria hoje, então, oráculo de veneno, mate esta segunda galinha. Se o que disse não é verdade e se devo ver, infalivelmente, a substância-bruxaria hoje, então poupe também esta ave."

Se o oráculo de veneno diz que verão a substância-bruxaria, deixarão as coisas como estão; mas se o oráculo de veneno garante que não há substância-bruxaria no cadáver, viram-se na sua direção e falam uns com os outros em voz baixa:

"Abriremos certamente o ventre do nosso parente que aqui está." Quando chega a noite, convocam um irmão de sangue e lhe dizem: "Oh, nosso irmão de sangue, venha e abra nosso ventre, o ventre do nosso parente."

O exame das entranhas da vítima permite verificar se houve ou não feitiço

Depois, os parentes por afinidade vestem o cadáver e o levam à beira da sepultura, onde o colocam no chão. Os parentes consangüíneos dizem:

"Venha, meu irmão de sangue."

E aos outros:

"Amigos, que estão aqui. Que palavras lhes direi? Não enterrarei meu parente com o seu ventre, mas certamente o abrirei. A minha bruxaria é a sua bruxaria, e se virem a substância-bruxaria em suas entranhas, será também a minha substância-bruxaria. Afastem-se para ver a minha substância-bruxaria."

Começam a abrir, cortando, primeiro, a pele do ventre e, depois, derrubam um galho da árvore *dama* e o racham em cima. Colocam o intestino nessa fenda e o enrolam ao redor do ramo. Quando terminam, emitem um grito alto e os parentes consangüíneos do morto correm rápido para perfurar os intestinos e examinar sua carne. Declaram que não há substância-bruxaria, e os mais velhos, os que entendem de bruxaria,

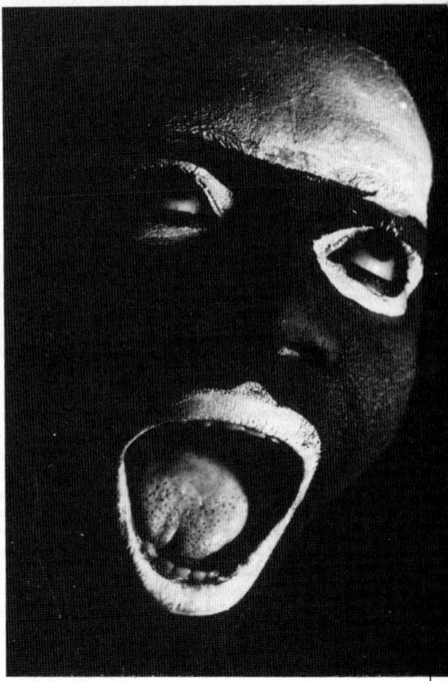

O rosto do transe: bruxo no Congo.

falam do mesmo modo, depois dizem:

"Recoloquem os intestinos no ventre."

Agora, carregam o "operador" do cadáver sobre os ombros, e também seus filhos homens, se estão presentes. Dirigem-se com eles às margens de uma torrente, onde se lavam. Depois retornam com o "operador" e lhe dão óleo para untar seu corpo. Após ele ter friccionado o corpo, lhe dão sal para lamber e dizem:

"Volte para casa, vamos preparar a cerveja para que possa vir bebê-la com os seus, pois abriu o nosso ventre."

O dono da fazenda, um parente consangüíneo do morto, volta para casa, prepara a cerveja e envia um mensageiro ao "operador", e lhe diz:

"Venha, a cerveja está pronta, e dividiremos uma cabaça com você."

O "operador" se levanta e vai à fazenda, e seus consangüíneos se reúnem ao seu redor e os consangüíneos do morto também. O chefe da família sai de sua cabana com uma cabaça cheia de cerveja e diz:

"Operador do ventre, que os seus parentes que estão aqui cheguem à frente, e daremos um presente, e que eles também dêem um, e partilhemos a cabaça."

Os consangüíneos do morto e os consangüíneos do "operador" de ventre partilham, em seguida, os presentes

Depois que partilharam a cabaça de cerveja, fazem uma troca geral de presentes entre os consangüíneos do morto e os consangüíneos do homem que abriu o ventre para eles. Quando um homem dá um presente, vem outro e dá o seu, e assim sucessivamente. Quando a troca de presentes se encerra, cozinham o mingau e uma galinha, e oferecem um pote de cerveja ao "operador". Então, ele lava o corpo cuidadosamente, recebe óleo para se untar, vira-se para seus consangüíneos e diz:

"Tragam minha cerveja."

E eles a buscam na cabana e a oferecem junto com o mingau e a galinha. Então, ele e seus consangüíneos bebem a cerveja. Acabou.

Kuagbiaru diz: Antigamente, quando um homem matava o seu companheiro por bruxaria, os oráculos eram consultados a respeito da sua morte, e pegavam esse homem ou essa mulher. Os parentes do morto levam o veredicto do oráculo ao príncipe. O príncipe consulta o seu oráculo de veneno, e se denunciar, ele também, essa pessoa, diz aos parentes do morto que será melhor o bruxo ajustar contas com eles com uma compensação de lanças. O príncipe ordena ao bruxo que dê aos parentes do morto vinte lanças e uma mulher, e o bruxo entrega as lanças na quantidade exigida e uma mulher. Se há outro bruxo que o ajudou a matar, ele entrega mais dez lanças em reparação pela ajuda. E, assim, o caso se encerra e eles descansam.

E. E. Evans-Pritchard,
Sorcellerie, oracles et magie chez les Azandé,
Gallimard, 1972

BIBLIOGRAFIA

Boguet, H., *Discours exécrable des sorciers,* Le sycomore, 1980.

Carmona, M., *les Diables de Loudun: sorcellerie et politique sous Richelieu,* Fayard, 1988.

Caro Baroja, J., *les Sorcières et leur monde,* Gallimard, 1972.

De Certeau M., *la Possession de Loudun,* Julliard, 1970.

Cohn N., *Demonolâtrie et sorcellerie au Moyen Age. Fantasmes et réalités,* Payot, 1982.

Dupont-Bouchat S., Frijhoff W., Muchembled R., *Prophètes et sorciers dans les Pays-Bas (XVIe-XVIIIe siècles),* Hachette, 1978.

Evans Pritchard E. E., *Sorcellerie, oracles et magie chez les Azardé,* Gallimard, 1972.

Favret-Saada J., *les Mots, la mort, les sorts. La Sorcellerie dans le Bocage,* Gallimard, 1977.

Ginzburg C., *le Fromage et les vers,* Flammarion, 1980.

Mandrou R., *Magistrats et sorciers en France au XVIIe siècle. Une analyse de psychologie historique,* Plon, 1968.

Métraux A., *le Vaudou haïtien,* Gallimard, 1958.

Michelet J., *la Sorcière,* Julliard, 1964.

Muchembled R., *la Sorcière au village (XVe-XVIIe siècles),* Gallimard-Julliard, 1979.

Muchembled R., *les Derniers bûchers. Un village de Flandre et ses sorcières sous Louis XIV,* Ramsay, 1981.

Sallman J. M., *Chercheurs de trésors et jeteuses de sorts. La quête du surnaturel à Naples au XVIe siècle,* Aubier-Montaigne, 1986.

Valmore S. H., *Dieux en exil,* Gallimard, 1988.

ÍNDICE DE ILUSTRAÇÕES

25 *Leprosos,* miniatura em *le Livre de la propriété des choses,* de Barthelemy l'Anglais, século XV. Bibliot. nac., Paris.
26 *Le Branle* (dança popular), gravura em couro, de Dürer. Bibliot. nac., Paris.
26/27 *O retorno do rebanho,* de Brueghel. Kunsthistorisches Museum, Viena.
28 *A caça de Diana,* pintura de le Dominiquin. Galeria Borghese, Roma.
28emb *Bruxas se preparando para viajar a Blocksberg,* gravura sobre couro, de Adrianus Hubertus, século XVI.
29d *Casa de bruxas,* xilogravura em *Dialogues touchant le pouvoir des sorcières,* de Thomas Erastus, Gênova, 1579.
30/31 Xilogravuras em *Compendium Maleficarum,* de R. P. Guaccius, Milão, 1626. Bibliot. nac., Paris.
32 *Sylvain, Deus das florestas,* buril, de Cornelis Cort, segundo Frans Floris, 1565. Bibliot. nac., Paris.
33 A bula *Summis Desiderantes Affectibus,* 1484. Bibliot. nac., Paris.

CAPÍTULO II

34 *O Sortilégio do amor,* de Platzi. Bildenden, Kunst, Leipzig.
35 *Anne Hendriks queimada em Amsterdã em 1571,* água-forte de Jan Luyken, em Théâtre des Martyrs... em Leyde, 1685.
36e *Alegoria da peste,* ladrilhos de cerâmica (século XIV- século XV). Musée de l'Histoire de la Médecine, Lyon.
36d *Bobo do Carnaval,* gravado por Hondius segundo Breughel, 1642. Bibliot. nac., Paris.
37 *Astaroth, Mammon e Abaddon,* gravuras em cor de Griffith.
38 *Execução de bruxas,* gravura inglesa.
39a *Demônio,* miniatura flamenga em *Liber floredus,* século XV. Museu de Condé, Chantilly.
39emb *Retrato de Jean Bodin,* buril atribuído a F. Stuerhelt, século XVII. Bibliot. nac., Paris.
40 *O Papa Paulo III com Ottavio e o Cardeal Farnèse* (detalhe), de Ticiano. Museu Nacional, Nápoles.
41 *R. P. Pierre Martinus, jesuíta espanhol, trata as doenças da peste em 1564,* gravura em cor, cerca de 1700.
42a *Um Pastor,* de N. Frangipane. Musée des Beaux-Arts, Auxerre.
42emb *Os Mendigos,* água-forte de Jacques Callot.
43 *Uma Rixa,* de M. Van Cleve, Kunsthistoriches Museum, Viena.
44ae *Criação de animais,* miniatura em *De Rerum Ruralium Commodorum,* século XVI. Biblioteca da Universidade, Praga.
44emb *Partida para o sabá,* gravura de Maleuvre segundo Quererdeau. Bibliot. nac., Paris.
45 *A pobreza,* miniatura de J. Bourdichon. Bibliot. de l'École des Beaux-Arts, Paris.
46/47 *Reunião de bruxas,* de F. Francken, Kunsthistoriches Museum, Viena.
48 *Sabá de bruxas,* tinta, aguada, lavis e toques de luz branca sobre papel colorido, cerca de 1515, ateliê de Hans Baldung Grien, Musée de l'Oeuvre Notre-Dame, Strasbourg.
49 *As Bruxas,* pena e guache sobre papel verde, de Hans Baldung Grien, Museu do Louvre, Cabinet des dessins.
50 *Partida para o sabá,* tinta e toques de luz branca sobre papel colorido, de Altdorfer. Cabinet des dessins. Louvre.
51 *Jovem bruxa e dragão,* pena e nanquim, toques de luz branca sobre papel colorido, de Hans Baldung Grien, 1515. Staatliche Kunsthalle, Karlsruhe.
52 *Cena de magia,* desenho de Rosso Fiorentino. École des Beaux-Arts, Paris.
53a *Sabá das bruxas,* desenho anônimo, pena, nanquim e lavis de aquarela, século XVII. Bibliot. nac., Paris.
53emb *Bruxas montando um porco,* xilogravura, 1612.
54 *A Viúva,* tinta de Goya. Cabinet des dessins, Louvre.
54/55 *A Tentação de Santo Antônio* (detalhe), de Patinir e Metsys. Museu do Prado, Madri.
55emb *Feiticeira evocando o amor* (detalhe), água-forte, de Quirin Boel segundo Corrège, cerca de 1660. Bibliot. nac., Paris.
53a *Antro de Bruxas,* de Antoine-François Saint-Aubert, século XVIII. Musée des Beaux-Arts, Cambrai.
57 *Chegada ao Sabá* e homenagem ao diabo, de Antoine-François Saint-Aubert, século XVIII, Musée des Beaux-Arts, Cambrai.
58 *Bruxa castigada,* gravura em cor de Grevembrock, século XVIII. Museu Correr, Veneza.
59 *A disputa de São Domênico e o milagre do livro,* de Fra Angelico. Museu do Louvre, Paris.

CAPÍTULO III

60 *Malle Babe, a bruxa de Harlem,* de Frans Hals.
61 *Quatro condenados conduzidos ao suplício,* desenho anônimo neerlandês, começo do século XVI. Cabinet des dessins, Louvre.
62 *Bruxo transformado em animal,* xilogravura em Cosmographia Universalis, de Sébastien Munster, Basiléia, 1544.
62/63 *Entrada de bruxas e monstros, balé do castelo de Bicêtre,* pena, lavis e guache, 1632. Cabinet des dessins, Louvre.
64emb *A prova pela água,* gravura em *Bibliotheca actu et scripta magica,* 1738. Bibliot. nac., Paris.
64/65 *A Bruxa,* buril de Dürer, cerca de 1500. Bibliot. nac., Paris.

65 *A prova pela água,* em Histoire des critiques des pratiques superstitieuses, de Pierre Le Brun, 1702. Bibliot. nac., Paris.
66emb *Urselle, professora, torturada, açoitada e queimada,* 1570, água-forte de Jan Luyken, em Théâtre des Martyrs, 1685. Bibliot. nac., Paris.
66a *A planta Foltas,* miniatura em *Miscellanea Medica,* século XIV. Biblioteca Universitária, Pádua.
67 *Cena de Inquisição* (detalhe) pintura d'Alessandro Magnasco. Kunsthistorisches Museum, Viena.
68/69 *Cena de Inquisição,* pintura de Eugenio Lucas e Velasquez. Museu do Louvre, Paris.
70/71 *Cena de Inquisição,* de Goya. Academia San Fernando, Madri.
72 *Quatro personagens advertindo quatro prisioneiros,* desenho anônimo, escola alemã, cerca de 1570-1580. Museu do Louvre, Cabinet des dessins.
73a *A Parábola dos cegos,* de Brueghel. Museu Capodimonte, Nápoles.
73emb *A Bruxa,* pintura anônima, século XVIII. Coleção Lévy.
74/75 *Dezoito pessoas queimadas em Strasbourg no ano de 1528,* água-forte de Jean Luyken em *Théâtre des Martyrs,* em Leyde, 1685. Bibliot. nac., Paris.
76a *Bruxo transformado em animal,* xilogravura anônima.
76emb *Cenas de torturas,* gravura de Manet em *Histoires des Inquisitions religieuses d'Italie, d'Espagne et du Portugal,* de Joseph Lavallée, 1809. Bibliot. nac., Paris.
77 *Meios seguros e honestos para trazer os hereges de volta à fé católica,* litogravura de C. Engelman.
78 *O Julgamento de uma bruxa,* de Willem de Poorter, século XVII, Musée des Baux-Arts, Dijon.
79 *Valdenses sobre a vassoura,* miniatura em *le Champion des Dames,* 1450. Bilbiot. nac., Paris.
80 *A refeição do sabá,* gravura anônima, fronstispício de *Magica de Spectris,* de Henning Gross, 1656. Bilbiot. nac., Paris.
80/81 *Bruxa preparando uma decocção,* xilogravura em *De lamiis et phitonicis mulieribus,* de Ulrich Molitor. Biliot. nac., Paris.
81 *A caça aos dentes,* água-tinta de Goya, da série Caprichos. Bilbiot. nac., Paris.
82 *Jean Brugier enforcado e queimado por heresia,* desenho de Jacob Van der Ulf. Museu do Louvre. Cabinet des dessins.
83a *Seis irmãos e irmãs queimados em Amsterdã no ano de 1549,* água-forte de Jean Luyken em *Théâtre des Martyrs,* em Leyde, 1685. Bibliot. nac., Paris.
83emb *Bruxas transformadas em animais,* xilogravura em *De lamiis et phitonicis mulieribus,* de Ulrich Molitor, cerca de 1489. Bibliot. nac., Paris.

CAPÍTULO IV

84 *Os Alquimistas,* de Giovanni Stradano, Palácio Vecchio, Florença.
85 *Diabrura,* xilogravura em *le Marteau des sorcières,* 1511.
86a Gravura em *Die Emeis* de Geiler Von Kaiserberg, 1517. *Cena de guerra e incêndio,* de Gilles Mostaert, século XVI. Museu do Louvre, Paris.
87 Folha de rosto de *Advis aux criminalistes sur les abus qui se glissent dans les procès de sorcellerie,* de F. Von Spee, 1660. Bibliot. nac., Paris.
88a *Máscara italiana pintada,* século XVIII, Museu Etnográfico, Palermo.
88 *Instrumentos de magia,* gravura de Griffith em *The Magus,* de Francis Barett, 1801.
89 *Arlequim,* pintura anônima, século XVIII. Museu Teatro alla Scala, Milão.
90 *Mãos votivas,* gravura, 1669.
90/91 *O Alquimista,* gravura de Pérée, segundo Teniers. Bibliot. nac., Paris.
92a *Os Alquimistas,* de Pietro Longhi. Casa Rezzonico, Veneza.
92emb *Cena de necromancia,* detalhe de um bosque, de Hans Burgkmair, o Velho, cerca de 1531. Bibliot. nac., Paris.
93 *O Quiromante,* de Pietro Muttoni, século XVII. Pinacoteca cívica, Vicence.
94 *Bruxa,* em *Ballet de la nuit,* tinta, lavis e guache, 1653. Bibliothèque de l'Institut, Paris.
95e Mágico em *Ballet des noces de Pellée et Thétis,* tinta, lavis e guache, 1654. Biblioteque de l'Institut, Paris.
95d Mágico em *Ballet des noces de Pelée et Thétis,* tinta, lavis e guache, 1654. Musée Carnavalet, Paris.
96/97 Iluminuras em *Liber herbarius unacum rationibus conficiendi medicamenta,* de Rizzardo. Bibliothèque Bertoliana, Paris.
98emb *Mandrágora,* gravura de Abraham Bosse. Coleção particular, Paris.
98/99 *Auto-de-fé,* gravura atribuída a Franz Hogenberg. Bibliot. nac., Paris.
99emb *O basilisco,* em *De animalum proprietate libellus,* manuscrito grego do século XVI. Bilbioteca Marciana, Veneza.
100 *A Vidente,* chamada de *A Sonâmbula,* de Gustave Courbet. Musée des Baux-Arts, Besançon.
101a *Algumas figuras oficiais de diabos dignitários do inferno* em *le Musée des Sorciers,* de Grillot de Givry. Bibliot. nac., Paris.
101emb *Leitora da sorte,* água-forte de Pierre Brebette, século XVII. Bibliot. nac., Paris.
102a *Cena de necromancia,* litografia em *le Musée des Sorciers,* de Grillot de Givry. Bibliot. nac., Paris.

102d *La comédie de la divineresse,* de Thomas Corneille e Donneau de Visé. Bibliot. nac., Paris.
103 *Fausto,* pintura de Krafft. Galeria da Academia, Viena.

CAPÍTULO V

104 *A Mulher hidrópica,* de Gérard Dou. Museu do Louvre, Paris.
105 *A Trapeira,* desenho de Boilly. Bibliot. nac., Paris.
106 *A Ronda diabólica,* de David Rijckaert. Musée Bargoin, Clermont-Ferrand.
107 *Saturno, patrono das bruxas,* buril de Crispin de Passe, segundo Martin de Vos, fim do século XVI. Bibliot. nac., Paris.
108a Retrato de Jean Wier, gravura em *Bibliotheca actua et scripta magica,* 1738. Bibliot. nac., Paris.
108emb *A peregrinação dos epilépticos, grupo caminhando para a direita,* buril de Henri Hondius, segundo Pierre Brueghel, 1642. Bibliot. nac., Paris.
109 *Idem.*
110a Noviça cartuxa antes da consagração, século XVIII. Bibliothèque des Arts Décoratifs, Paris.
110emb Refutação das opiniões de Jean Wier, texto em *la Démonomanie des sorciers,* de Jean Bodin, 1580.
110/111 *Vista geral da Abadia de Port-Royal des Champs,* guache atribuído a Madeleine de Boulogne. Musée du Château, Versailles.
111 *Retrato de Gabriel Nandé,* Gramma de G. Gergi. Bibl. nac., Paris.
112 *Vista do refeitório da Abadia de Port-Royal de Champs cerca de 1710,* guache atribuído a Madeleine de Boubyne, Musée de Château, Versailles.
113a *Retrato do Cardeal Richelieu,* de Philippe de Champaigne, Museu do Louvre, Paris.
113emb *A sombra de Urbain Grandier de Loudun: seu encontro e conferência com Gaufridy no outro mundo,* 1634. Bibliot. nac., Paris.
114/115 *A execução de Urbain Grandier,* anônimo, 1634. Bibliot. nac., Paris.
115a *Madre Jeanne des Anges,* anônimo, 1637. Bibliot. nac., Paris.
115emb *Saint Martin exorcizando um possuído,* pintura anônima, fim do século XV. Museu Unterlinden, Colmar.
116a *História de Magdeleine Bavent,* em Paris, Jacques le Gentil, 1652. Bibliot. nac., Paris.
116/117 *Exorcismo de uma possuída do demônio,* pintura do Mestre de San Severino. Museu Horne, Florença.
118emb *São Bernardo, exorcista,* buril de Antonio Tempesta, 1587. Bibliot. nac., Paris.
118/119 *A grande Câmara do Parlamento,* desenho de Ferdinand Delamonce. Musée Carnavalet, Paris.
119 *Retrato de J. B. Colbert,* de Claude Lefebvre. Musée du Château, Versailles.
120/121 *A morada das bruxas,* aquarela de R. Doyle. Victoria and Albert Museum, Londres.
122/123 *Idem.*
124a Folha de rosto de *l'Histoire des imaginations extravagantes de Monsieur Oufle,* Amsterdã, 1710. Bibliot. nac., Paris.
124emb *Errante durante a noite em um lugar solitário,* água-forte de Claude Gillot, refeita a buril por Jean Audran, começo do século XVIII. Bibliot. nac., Paris.
125 *Retrato de Madame de Montespan,* pintura de François-Athenais de Rochechouart. Musée du Château, Versailles.
126emb *Cena de sabá,* água-forte de Martin van Maele em la Sorcière, de Michelet, 1911. Bibliot. nac., Paris.
126/127 *Cena de bruxaria,* desenho aquarela, com toques de luz de guache de A. de Neuville. Bibliothèque de l'Opéra, Paris.
128 *A noite de Walpurgis,* água-forte sobre zinco, de Albert Welti, 1897. Kunsthaus, Zurique.

TESTEMUNHOS E DOCUMENTOS

129 *O contra-embruxamento pela imagem,* desenho de Vuillier. Musée du Cloître André Mazeyrie.
130 *Bruxa queimada em Beauce,* desenho. Biblioteca da antiga Faculdade de Medicina de Paris.
131 *Paisagem,* gravura segundo Breughel. Bibliot. nac., Paris.
132/133 *A acusação de uma bruxa,* gravura inglesa.
134 *Camponeses no mercado,* gravura de Dürer. Bibliot. nac., Paris.
136 Folha de rosto de *Discours exécrable des sociers* d'Henry Boguet, 1603. Bibl. nac., Paris.
138 *Uma bruxa,* desenho de Sordaens, 1716. Musée des Beaux-Arts, Orléans.
139 Folha de rosto do *Traité enseignant en bref les causes des maléfices, sortilèges,* de M. R. Benoist.
141 *Mulher acusada de bruxaria na Idade Média, suportando a tortura sem demonstrar sensibilidade,* gravura do século XIX.
142 *Uma Bruxa lançando um sortilégio,* litografia de Delacroix, 1829. Bibliot. nac., Paris.
144 *As bruxas,* gravura de Barathier segundo Füssli. Col. Peral.
145 *Partida para o sabá,* água-forte de J. Aliamet segundo David Teniers, o Jovem. Bibliot. nac., Paris.
146 *Chegada ao Sabá* água-forte de J. Aliamet segundo David Teniers, o jovem. Bibl. nac., Paris.
147 *A Ronda de sabá,* litografia de Louis Boulanger, 1829. Bibliot. nac., Paris.
148/149 *"É um feitiço, é uma ilusão...?",* água-forte de Claude Gillot

retomado a buril por Jacques Auchan, começo do século XVIII. Bibliot. nac., Paris.
151 *O Sabá das bruxas,* gravura de Holzstich, 1850.
152 *Os preparativos para o sabá,* pintura anônima do século XIX. Musée de Meudon, Meudon.
154 Água-forte de Martin van Maele em *la Sorcière,* de Michelet, 1911. Bibliot. nac., Paris.
155e *Idem.*
155d *Idem.*
156 *Vista da cidade de Loudun em 1699,* desenho. Col. Gaignières. Bibliot. nac., Paris.
157 *Os Juízes dos diabos de Loudun,* gravura anônima. Bibliot. nac., Paris.
159 *A Sombra de Urbain Grandier de Loudun: seu encontro e conferência com Gaufridy no outro mundo,* 1634. Bibliot. nac., Paris.
151 *Edito do Rei, proclamado em Versailles no mês de julho de 1682, referente aos desenhos, bruxos, envenenadores e o delito de venenos.* Musée des Arts et Traditions Populaires. Paris.
162 *Entrada de bruxas,* xilogravura dos irmãos Daziel segundo Zeichnung von John Gilbert; ilustração para Macbeth, de Shakespeare.
164 *Mágico,* desenho, Museu do Louvre, Paris.
165 *Adreniat, Regnum, Tuvm,* gravura anônima do século XVII. Col. Particular, Paris.
166 *Bruxa,* foto do começo do século XX.
169 Raposa suspensa em uma árvore, superstição bretã, foto.
170 Bútio e coruja pregadas em uma granja, foto.
172 *Talismã para se livrar dos venenos,* desenho. Bibliot. nac., Paris.
173 *A avareza,* desenho de Jacques Callot.
175 *Cena de bruxaria,* gravura.
178 *Cena de vodu,* gravura em *Histoire de la Franc-maçonnerie,* de Léo Taxil.

ÍNDICE REMISSIVO

CRÉDITOS FOTOGRÁFICOS

Archiv für Kunst und Geschichte, Berlin 11, 60, 85, 151, 162; Artephot/A.D.C.P., 25; Artephot/Faillet, 20e; Artephot/Jourdain, 113a; Artephot/Nimatallah, 26-27, 43, 73a, 84, 89, 103, 125; Artephot/Garnier, 39a; Artephot/Tok, 40; B.N., 16-17, 18, 19emb, 19a, 20emb, 23ad, 23embd, 24e, 24d, 26, 29, 30-31, 32, 33, 35, 36d, 39emb, 44emb, 53a, 55emb, 62, 64emb, 64-65, 65, 66emb, 74-75, 76emb, 79, 80, 83a, 83emb, 86a, 87, 90-91, 92emb, 98-99, 101a, 101emb, 102e, 102d, 107, 108a, 108emb, 109, 110emb, 111, 113emb, 114-115, 115a, 116a, 118emb, 124a, 124emb, 126emb, 131, 134, 142, 145, 146, 147, 148-149, 154, 155e, 155d, 156, 157, 159, 172; Bayle, 106; Bridgeman-Giraudon, 35, 120-121, 122-123; Bulloz, 94, 95e, 126-127, 138; Charmet, 36e, 41, 73emb, 81, 130, 136, 139, 152, 175, Dagli-Orti, 1[er] plat, 14, 15, 28a, 58, 66a, 78, 88, 92a, 93, 96-97, 99emb, 100, 104, 110a, 110-111, 112, 115emb, 119; D.R., 98emb; Edimedia, 52, 144, 165, 178; Explorer-Archives, 37, 38, 53emb, 80-81, 88emb, 90, 132, 133; Giraudon, 20-21, 42a, 42emb, 44ae, 45, 48, 56, 57, 116-117, 173; Kunsthaus, Zurich, 128; Lauros-Giraudon, 50, 59, 70-71, 95d, 118-119, 129; Meyer, 46-47, 67; Rapho, 169, 181, 182; R.M.N., 12, 49, 54, 61, 62-63, 68-69, 72, 82, 86-87, 161, 164; Roger-Viollet, 28emb, 54-55, 141, 166, 170; Scala: 1 à 9; Sipa, 179; E.R.L. Sipa icono, 13, 22, 23e, 77; V.I.P./Sipa icono, 76a; Staatliche Kunsthalle, Karlsruhe, 51.

Índice das matérias